著 马平安

晚清十年

清末新政与近代中国

团结出版社

图书在版编目（CIP）数据

晚清十年 / 马平安著 . -- 北京：团结出版社，
2023.3
ISBN 978-7-5126-9937-3

Ⅰ . ①晚… Ⅱ . ①马… Ⅲ . ①中国历史－清后期
Ⅳ . ① K252

中国版本图书馆 CIP 数据核字（2022）第 235606 号

出　版：团结出版社
　　　　（北京市东城区东皇城根南街 84 号 邮编：100006）
电　话：（010）65228880　65244790（出版社）
　　　　（010）65238766　85113874　65133603（发行部）
　　　　（010）65133603（邮购）
网　址：http://www.tjpress.com
E-mail：zb65244790@vip.163.com
　　　　tjcbsfxb@163.com（发行部邮购）
经　销：全国新华书店
印　装：三河市东方印刷有限公司

开　本：160mm×230mm　16 开
印　张：13.25
字　数：185 千字
版　次：2023 年 3 月　第 1 版
印　次：2023 年 3 月　第 1 次印刷

书　号：978-7-5126-9937-3
定　价：46.00 元

经过甲午战争、戊戌变法、庚子八国联军侵华等一系列连环事件的沉重打击，清王朝元气大伤，这使得以慈禧太后为首的清政府急火攻心。在痛定思痛之后，当历史的时针刚刚指向20世纪时，慈禧太后便急急以光绪皇帝的名义在西安行在颁布了新政诏书，由此揭开了清王朝最后十年改革自强的序幕，学界将这次变革称为"清末新政"。

清末新政是清廷在最后十年间所进行的一次较为全面系统的改革自强运动，涉及国计民生诸多领域，最主要的则是经济、政治、军事、文化教育等方面的改革。

为政在人。

为了清廷的万世基业，已进入垂暮之年的慈禧太后，也不得不重新振作精神，一方面与光绪皇帝改善关系，一方面希望通过经济、政治、军事、文化教育等领域的改革，实现富国强兵，再次引领清王朝这艘已经千疮百孔的航船渡过险滩，力图化解清政府所面临的全面统治危机。

改革，本就是摸着石头过河，承担着高风险、高回报。新政成功，则大清国基业重筑；新政失败，则可能直接导致清王朝统治的灭亡。这是一场极其凶险的政治赌注，考验着清王朝最高统治者的政治智慧与应变的能力。

首先，经济改革方面。应该说，在经济改革与开放上，清政府是花费了气力、用尽了自己智慧的。从1901年到1905年，中国经济也确实出现了快速的增长。不过，由于改革的实际权力被地方督抚所操纵，经济改革的成果一是滋生了一批新的商人阶层，二是助长了地方势力的抬头。这两股政治势力，为了自己的利益，最后联合起来抵抗中央政府，这也是导致清政权灭亡和改革失败的主要原因之一。

其次，政治改革方面。从1905年开始，在江浙立宪派的鼓动下，各省督抚纷纷要求清廷实行君主立宪。在立宪派与督抚的双重压力下，清廷开始派遣王公大员出国考察学习，从1906年起开始尝试预备立宪，从1907年开始在直隶等省尝试推广地方自治，1908年制定与颁布《帝国宪法》，在京师设立资政院，在地方各省筹办谘议局，艰难地迈出了政治改革的步伐。然而，帝制与宪政不两立。专制政治是清王朝赖以生存的政治土壤，一旦开了立宪的口子，传统的专制意识形态将再也无法有力地统治民众。清政府既然舍弃两千余年的专制政治而照抄照搬西方各国的立宪政治，实际上人就成了自己的掘墓人而从此陷入无法自拔、四面楚歌的泥潭。

再次，文化教育方面。1905年，清廷接受张之洞、袁世凯的意见，宣布废除科举制度。当执政者为科举制度画上句号的时候，传统教育遗留下来的问题并没有因为科举制度的废除而宣告终结。事实上，当清政府甩掉旧包袱的时候，他们很快就发现又增加了一个更大的新包袱。结果非常明显，科举制度的废除，破坏了国家吸收和垄断精英士子的正常渠道，造成了传统人才资源的大面积流失和引发了人们恐慌及反对的情绪，造成了政府对读书人群体的失控。旧式私塾出身者不再支持政府，新式学堂培养出来的知识分子对于清政府更是离心离德。当旧式知识分子对当政者怨恨与离弃达到一定程度时，当反政府的新式知识分子大面积成长达到一定程度时，便是这个专制王朝行将崩溃之时。

最后，军事改革方面。军事改革是清政府在新政中最为关注与投入的关键领域。清政府为此在京师设立练兵处，企图全部以新军取代绿营，建立相当规模的现代化军队。然而，当清政府集全国财力、人力训练而成的新式军人，不仅没有成为保护清王朝统治的坚强支柱，反而最终倒戈一击，成为这个王朝的终结者。武昌首义的第一枪是由张之洞训练而成的湖北新军打响，袁世凯的北洋新军则前线倒戈，成为迫使清廷和平退位的最大筹码。

种瓜得豆。

历史说来就是这样无情与残酷。

新政成功了吗？答案是否定的。因为新政不但没有达到清政府挽救自己统治的目的，相反倒十足地加速了这个腐败王朝的灭亡步伐。

新政失败了吗？好像也不能这样简单地下结论。历史是一条向前奔流不息的长河。毕竟，清王朝虽然灭亡，但新政的成果也是明显的，它也为民国初年的中国发展初步奠定了基础。

不过，今天看来，这场新政的教训应该多于经验。政治方面的教训多于其他方面的教训。清末新政虽然没有达到挽救清王朝统治的目的，但其改革开放的诸多举措及其经验教训却值得认真总结和探讨，以为我们今日的改革发展事业提供史鉴。

《诗经·大雅·荡》说："殷鉴不远，在夏后之世。"这就是写作本书的目的。

目录

第一章　国策的转移

一、统治者执政思路的转变

光绪二十六年十二月初十日（1901年1月29日），在流亡途中，经过颠沛流离之苦后，慈禧太后痛定思痛，经过慎重考虑，她决定改弦易辙，在国家推行全面改革。很快，她以光绪皇帝的名义发布了一道力求振作的上谕。

这道上谕的发表，标志着清末新政的开始。上谕说：

世有万祀不易之常经，无一成不变之治法。穷变通久，见于大易；损益可知，著于论语。盖不易者三纲五常，昭然如日星之照世。而可变者令甲令乙，不妨如琴瑟之改弦。伊古以来，代有兴革。当我朝列祖列宗因时立制，屡有异同。入关以后，已殊沈阳之时。嘉庆、道光以来，渐变雍正、乾隆之旧。大抵法积则敝，法敝则更，惟归于强国利民而已。自播迁以来，皇太后宵旰焦劳，朕尤痛自刻责。深念近数十年积敝相仍，因循粉饰，以致酿成大衅，现正议和。一切政事，尤须切实整顿，以期渐致富强。懿训以为，取外国之长，乃可去中国之短；惩前事之失，乃可作后事之师。自丁戊以还，伪辩纵横，妄分新旧。康逆之祸，殆更甚于红巾。迄今海外逋逃，尚以富有贵为等票诱人谋逆，更藉保皇保种之奸谋，为离间宫廷之计。殊不知康逆之讲新法，乃乱法也，非变法也。该逆等乘朕躬不豫，潜谋不轨。朕吁恳皇太后训政，乃得救朕于濒危，而锄奸于一旦，实则剪除叛逆。皇太后何尝不许更新，损益科条？朕何尝概行除旧？酌中以御，择善而从。母子一心，臣民共睹。今者恭承慈命，一意振兴，严祛新旧之名，浑融中外之迹。中国之弱，在于习气太深，文法太密，庸俗之吏多，豪杰之士少。文法者庸人藉为藏身之固。而胥吏恃为牟利之符。公私以文牍相往来，而毫无实际；人才以资格相限制，而日见消磨。误国家者在一私字；祸天下者在一例字。晚近之学西法者，语言文字制造器械而已，此西艺之皮毛而非西学之本源也。居上宽，临下简；言必信，行必果。服往圣之遗训，即西人富强之始基。中国不此之务，徒学其一言一话一技一能，而佐以瞻徇情面，肥利身家之积习。舍其本源而不学，学其皮毛而又不精，天下安得富强耶？总之，法令不更，锢习不破，欲求振作，须议更张。著军机大臣大学士六部九卿出使各国大臣各省督抚，各就现在情弊，参酌中西政治，举凡朝章国政吏治民生学校科举军制财政，当因当革，当省当并，如何而国势始兴？如何而人才始盛？如何而度支始裕？如何而武备始精？各举所知，各抒所见，通限两个月内悉条议以闻，再行上禀慈谟，斟酌尽善，切实施行。至西幸太原，下诏求言，封章屡见。而今之言者，率出两途：一则袭报馆之文章；一则拘书生之浅见。指其病未究其根，尚囿于偏私不化；睹其利未睹其害，悉归于窒碍难行。新进讲富强，往往自迷始末；迂儒谈正学，又往往不达事情。尔中外臣工，当鉴斯二者，酌中发论，通变达权，务极精微，以便甄择。特是有治法尤贵有治人。苟无其法，敝政何从而补救；苟失其人，徒法不能以自行。使不分别人有百短，人有一长，以拘牵文义为守经；以奉行故事为合例。举宜兴宜革之事，皆潜废于无形；旅进旅退之员，遂酿成不治之病。欲去此弊，慎始尤在慎终；欲竟其功，实心更宜实力。是又宜改弦更张，以祛积弊，简任贤能，上下交儆者也。朕与皇太后久蓄于中。物穷则变，转弱为强，全系于斯。倘再蹈因循敷衍之故辙，空言塞责，遇事偷安，宪典具在，决不宽贷。将此通谕知之。[①]

这篇上谕主要表明：

第一，经过庚子事变后，慈禧太后在反思之余，政治态度发生了一个比较彻底的转变。这就是从原来抱残守缺的改革开始向全面的维新图强转变。在这道上谕中，最高统治者虽然仍宣布康梁为"逆党"，斥责康梁变法为"乱法"，但并没有反对变法从新的意图。慈禧太后的这种做法主要是想将自己即将举行的新政与戊戌变法区别开来，但其变法自强的愿望与主张是坚定的。

第二，清朝最高统治者终于走出了祖宗之法不可变的怪圈，不再拘泥于祖宗的成法。认识到了"法积则敝，法敝则更，惟归于强国利民而已"的正确性和重要性。

第三，在总结过去洋务运动成败的基础上，进一步提出了向西方学习的主张。这道上谕希望突破洋务运动的樊篱，指出了"晚近之学西法者，语言文字制造器械而已，此西艺之皮毛而非西学之本源也……舍其本源而不学，学其皮毛而又不精，天下安得富强耶"。因此，富强之路、振兴之望在于必须舍西政之皮毛，而求西政之本源。

第四，如何举办新政才能富强，清廷并没有十分成熟的主张。因而下谕要求军机大臣、大学士、六部九卿、出使各国大臣、各省督抚"各举所知，各抒所见，通限两个月内悉条议以闻，再行上禀慈谟，斟酌尽善，切实施行"。

---

① 朱寿朋编：《光绪朝东华录》，中华书局1958年版，总第4601—4602页。

综上可见，从文本的内容来看，这道上谕无论从何方面而言皆应该算是清末新政的一个纲领性的文件，是清政府针对庚子事变前后各方面压力重新寻找出路的一种自觉行为。

实际上，早在上述新政诏书发布之前，清廷便迭次颁布了一系列切实的进行各方面整顿的谕旨。这些上谕虽然没有明确表示要改弦易辙，但已隐隐然表露了改革的意图。

光绪二十五年（1899年）四月的一份上谕称："近因时事艰难，朝廷宵旰焦劳，孜孜求治。迭经谕令各直省督抚，将地方应办事宜认真整顿，不啻三令五申……详加披览，该督抚所陈各节，虽不致尽托空言，亦未能确收实效……若再因循观望，不能仰体忧勤惕厉之心，振作之机，当在何日？用特再加申谕，著各督抚于奉到此旨后，将现在筹办之事，速即认真举办，仍将有无成效情形，先行据实具奏……倘有不肖州县玩视民瘼，阳奉阴违，该督抚即当严行参劾，从重治罪。"[①]这是清政府责备臣工，准备整治吏治的信号。

光绪二十六年（1900年）七月，清政府发布谕旨，表示要在用人、行政、筹饷、练兵等方面进行切实整顿。谕旨指出："自今以往，斡旋危局，我君臣责无旁贷……卧薪尝胆，勿托空言。于一切用人行政，筹饷，练兵，在在出以精心，视国事如家事，毋饰非而贻误公家，毋专己而轻排群议，涤滤洗心，匡予不逮。朕虽不德，庶几不远而复。"[②]

光绪二十六年（1900年）八月，清政府再颁上谕，要求中外臣工，"随时献替，直陈无隐"，"自来图治之原，必以明目达聪为要。此次内讧外侮，仓卒交乘，频年所全力经营者，毁于一旦……能不寒心。自今以往，凡有奏事之责者，于朕躬之过误，政事之缺失，民生之休戚，务当随时献替，直陈无隐。当此创巨痛深之后，如犹恶闻诤论，喜近谄谀，朕虽

① 朱寿朋编：《光绪朝东华录》，中华书局1958年版，总第4364页。

② 朱寿朋编：《光绪朝东华录》，中华书局1958年版，总第4537页。

薄德，自问当不至此"。①这是清政府要改革以往封闭固拒的传统，准备广纳群言、博采众议。

光绪二十六年（1900年）闰八月，清政府在另一份上谕中说："为政首在得人，近年来各督抚保举人才，不免瞻徇情面，汲引私人；是上以实求者，下不以实应，大负朝廷求才若渴之意。现在时局阽危，需才尤亟，各封疆大臣均有以臣事君之责，务各激发天良，虚衷延访，如有才猷卓著，克济艰难，无论官阶大小，出具切实考语，迅速保荐，以备录用。倘该督抚等仍属从前积习，滥列剡章，一经任用，辄至贻误，定将该原保大臣一并严惩，绝不姑宽。"②这是清政府准备进行全面整顿，并要求封疆大吏们忠于朝廷和职守，广求人才以备录用，准备全面改革的信号。

及至大局稍定，光绪二十六年十二月（1901年1月），清政府以光绪皇帝的名义，发布了一道痛定思痛、百感交集、难以言喻的谕旨："惟各省平时无不以自强为辞，究之临时张皇，一无可恃，又不悉朝廷事处万难，但执一偏之词责难君父。试思乘舆出走，风鹤惊心，昌平、宣化间，朕侍皇太后，素衣将敝，豆粥难求，困苦饥寒不如氓庶，不知为人臣者亦尝念及忧辱之义否？总之，臣民有罪，罪在朕躬……近二十年来，每有一次衅端，必申一番诰诫，卧薪尝胆，徒托空言，理财自强，几成习套；事过之后，徇情面如故，用私人如故，敷衍公事如故，欺饰朝廷如故。大小臣工，清夜自思，即无拳匪之变，我中国能自强耶？"③这道谕旨一反往日的冰冷生硬面孔，多了一些人情味。由皇帝出面总结并承认了近20年来所谓自强新政的彻底失败，也指出和批评了统治体制的痼疾与弊端，表明了朝廷改弦更张的意图。

正是在上述一系列上谕铺垫的基础上，同年十二月初十日（1901年1

---

①　朱寿朋编：《光绪朝东华录》，中华书局1958年版，总第4537页。

②　朱寿朋编：《光绪朝东华录》，中华书局1958年版，总第4549—4550页。

③　朱寿朋编：《光绪朝东华录》，中华书局1958年版，总第4615页。

月29日），清政府正式发布了变法上谕。

　　然而，朝廷频频下谕，地方督抚却不接招，阳奉阴违。各方面所表现出来的这种冷淡的态度，让慈禧太后与光绪皇帝都感到颇为不安。

　　上谕发布后的最初几个月内，并没有引起从中央到地方高级官员的积极的回应。朝廷从各级官员收到的有关变法的奏议为数甚少。整个官场与社会，从王公权贵到各级官僚，从地方大员到庶民百姓，对清廷变法诏令的反应基本上均表现出了相当的冷淡。

　　造成这种冷淡的局面是有原因的。

　　其一，清廷在戊戌变法期间及其庚子年间的政治态度，使各地官员、封疆大吏对其变法的真实意图和贯彻的决心表示怀疑。

　　其二，当时朝廷偏安西北，各地兵荒马乱，局势动荡，谁还有心思多去考虑一些在当时看来尚是捉摸不定的问题。

　　于是，清廷将新政继续向前推进。

　　光绪二十七年三月初三日（1901年4月21日），清廷再次下谕，决定设立督办政务处，作为办理新政的"统汇之区"，派庆亲王奕劻、大学士李鸿章、崑冈、荣禄、王文韶、户部尚书鹿传霖为督办政务大臣，两江总督刘坤一、湖广总督张之洞"遥为参预"。同时特意催促各省督抚"迅速条议具奏，勿稍迟延观望，将此通谕知之"[1]。

　　光绪二十六年十二月初十日（1901年1月29日）清廷新政上谕的发布与光绪二十七年三月初三日（1901年4月21日）办理新政中央统汇机构督办政务处的成立，表明了清政府新政的纲领和全面改革的决心。庚子事变以后的清朝最高统治者，自鸦片战争以来，第一次开始真正认真地考虑通过进行体制创新与变革来实现国家富强的目标。

　　但是，这种改革是列强威逼的结果，而不是源于中国内部社会的驱动

---

① 沈桐生辑：《光绪政要》第27卷，江苏广陵古籍刻印社1991年版，第1582—1583页。

与政治的成熟，不是清王朝水到渠成的结果。实际上，当时中国实行体制改革的条件也并不成熟，因此，这场改革对于清政府而言是柄双刃剑。成，则政权与统治可达到稳固之目的；败，则革命便会顺势而来，况且很多不可知因素也在随时发生变化。清政府的前途，同样也是如此。

二、疆吏的药方

（一）《遵旨敬抒管见上备甄择折》

光绪二十七年（1901年）三月，山东巡抚袁世凯首先上奏，提出了慎号令、教官吏、崇实学、增实科、开民智、重游历、定使例、辨名实、裕度支、修武备等筹办新政的十条。[①]

对于新政，许多官吏鉴于戊戌变法失败的教训，都表现得不太积极。然而，袁世凯集团首领袁世凯却敏锐地察觉到，王朝衰微，人民民主运动日益高涨，如不谋求新的对策，很难再继续维持其统治。只有抓住时机，努力推进各方面的革新，才是他摄取更大权力的最佳办法。正因为这样，袁世凯不仅在山东时期就积极联络当时负有声望的地方督抚刘坤一、张之洞等人努力促成清廷举办新政，而且在整个新政期间，他还以"急进改革者"的面孔出现，不仅为推行新政出谋划策，并且身体力行，卓有成效。

早在新政上谕颁布之前，袁世凯即有言："不日将有明谕，举行新政。"[②]新政上谕颁布后，袁世凯即与幕僚积极努力，起草出了上奏的十项条陈。光绪二十七年正月二十九日（1901年3月19日），袁世凯在给刘坤

---

① 廖一中、罗真容整理：《袁世凯奏议》（上），天津古籍出版社1987年版，第268—277页。
② 《郑孝胥日记》第二册，中华书局1993年版，第782页。

一、张之洞的电报中说："行在诸人来书，谓内盼复奏。因勉拟十条，皆浅近易行，谆谆以慎始图终为请。昨日始成初稿，尚须修饰，俟定稿寄请诲政此文，以同为贵，可见公论。但原旨有各举所知、各抒所见等语，未知宜联奏否？请两帅裁示。"①从这篇电文中可以看出：（1）袁世凯对新政已经早有了自己的成见，并且已经拟出了后来上奏的十条主张和建议。（2）为了造成更大的声势，使朝廷接受自己的新政方案，表达了希望与张之洞、刘坤一"联奏"的愿望。

为了寻求支持的力量，二月十五日（4月3日），袁世凯在给张之洞的电报中认为张之洞的"变法一议，节节中肯"，自己所拟疏稿"多与鄂议同"，并将自己的十条主张电寄刘坤一、张之洞，希望他们"采择汇奏"，再次表达了他的"附衔名"愿望。②

二十二日（10日），袁世凯曾电催刘坤一、张之洞抓紧上奏，催促清廷在回銮以前"先行新政"。袁世凯认为，不这样做，有大可虑者二："各国以现之政府守旧顽固，倘回銮后各国要挟以更换执政，拒之不足，国体安在？可虑一；各国皆盼我变法，倘回銮后各国缕列多款，要挟照行，执政不敌，允则干预。可虑者二。"袁世凯告诉刘坤一、张之洞，他"前已切函枢要，久无下文。拟请两帅或联名电枢，或会衔电奏，如能将兴学堂、改科举等事先行数件，则各国耳目一新，保全甚多，其弛张横议之流，亦可稍敛"。③其关于新政的主张和要求在此也可见一斑。

三月初三日（4月21日），清廷谕令设立督办政务处，刘坤一、张之洞"遥为参预"大臣。要求各地"迅速条议具奏，勿再延逾观望"，"请仍

① 《辛丑正月二十九日济南袁抚台来电》，《张之洞存各处来电》第44函，中国社会科学院近代史研究所藏，档甲182—146。
② 《辛丑二月十五日济南袁抚台来电》，《张之洞存各处来电》第45函，中国社会科学院近代史研究所藏，档甲182—147。
③ 《辛丑四月十一日济南袁抚来电》，《张之洞存各处来电》第47函，中国社会科学院近代史研究所藏，档甲182—149。

各举所知，勿联衔上"。由于情况有了新的变化，袁世凯不再主张联衔，在与张之洞、刘坤一商量后，初七日（25日），袁世凯奏上了他的著名的《遵旨敬抒管见上备甄择折》条陈。

《遵旨敬抒管见上备甄择折》是袁世凯关于新政的系统思想。

不能仅仅简单地把《遵旨敬抒管见上备甄择折》看作是袁世凯集团对清廷上谕的响应与服从，实际上，它成为袁世凯集团后来在清末新政中的指导性文件和纲领。袁世凯移督北洋、所行新政基本上就是按照这一奏议的思路进行的。

袁世凯认为，"全局至重，庶政弥繁。当积重难返之秋，为改弦更张之计，因革损益，各有所宜。现或苦于人材之不敷，或绌于财力之不足，而又有浮议挠之，铟习蔽之，虽有良法美意，未易一概施行。臣权衡轻重缓急，通盘筹划，其骤难兴举者，贵乎循序渐进，不可操切以图；其亟须变更者，又贵乎明断力行，不为庞言所动。核其要在于熟审治法，能慎始乃能图终。探其本在于广植众材，能得人乃能行政。其余理财讲武，以次递施，因时制宜，兴利剔弊，而成效乃可得而言也"。正是在这种思想的指导下，袁世凯向朝廷提出了他的关于新政实施方法的十条意见。

（1）慎号令。袁世凯针对戊戌变法到庚子事变前后朝廷朝令夕改的情况，指出："号令者，国之大权，臣民之所钦仰也。必精审详度，计天下实可遵行者，而后毅然出之，决无反汗，期在必为，始可风动四方，日臻上理。倘不慎之于始，或发一号而窒碍多端，势将半途中辍。或施一令而流弊丛出，又将易辙而行。甚或破除积习，不便贪庸，群起撼摇，多方阻格。持之不坚，终将废置。迨号令频更，众情疑惑，遇有善政，亦且相率观望，视若具文，不肯力行，安能收效。"袁世凯认为，要想真正取得新政变法的成功，一定要慎重号令，一旦"择定施行，便成万钧不移之势，无论如何为难，亦必坚持定见，始终不渝"。只有这样，才能取得新政的成功。袁世凯移督北洋后的行动事实，便是对这一政治主张的最好注释。

（2）教官吏。袁世凯认为，要想取得新政的成功，就必须改变过去那种行政人才"用非所学，类多娴于文艺、拙于政事。又自咸同军兴而后，保举捐纳，阶进日多，流品益杂"的现象。所有官吏必须懂得"一切西政、西史"，或"派令出洋游历"，或"分设课吏馆，专就吏治、时务、交涉等项，择要辑书"，发令官员学习。今后录取官员的标准，"必广求兼通古今中外之人"。只有这样，才能使官吏阶层既无"废弃之忧"，又能"鼓舞奋兴"。"济急之方，莫先于此"。

（3）崇实学。袁世凯指出："百年之计，莫如树人。古今立国，得人则昌。作养人材，实为图治根本。查五洲各国，其富强最著者，学校必广，人材必多。中国情见势绌，亟思变计，兴学储材，洞刻不容缓矣。"要想造就新式人才，就必须让各行省"多设学堂，或仿照各国学校章程，区分等次，依次推广。务使僻壤穷乡，皆有庠序。择中外有裨实用之各项书籍及各国卓有成效之各种学术，延师讲授，分门肄习"。当务之急一在于翻译西书，二在于酌聘洋员作为教习。只有这样，才能使新式人才迅速蔚兴，新政才不至于流于形式。

（4）增实科。袁世凯认为，要想造就新政人才，就必须渐废科举，相应增加实际应用学科。"其旧科中额，每次递减二成，实科递增二成，以六成为度。使士子知所趋向，争自濯磨，皆渐勉为有用之材，以求奋于功名之路。迨三科之后，学堂中多成材之士，考官中亦多实学之人，即将旧科所留四成帖括中额概行废止，一并按照实科章程办理。"袁世凯认为，如各省真正能够如此"一律举行"，则风气"不难丕变"，新政不难举行，博达时务之人才不难出现矣。

（5）开民智。袁世凯认为，"中国腹省风气未开，士民多囿于一隅"，孤陋寡闻，民智未开，不了解西洋、西学，隔膜甚深，这是新政施行的最大障碍。要改变这种状况，就必须多开报馆，介绍西洋"各国新政近事以及农工商矿各种学术"，"专以启发民智为主"，以收"可益民商生计"。

（6）重游历。袁世凯认为，应该广派官员分赴外洋各国，考究各国政治、学术、风土、人情，广泛学习和了解西洋各国，濡染日久，智慧必生。这是"知时局""识洋情""成材捷速",是办理新政必不可少的条件。

（7）定使例。即重视办理交涉人员与出使人员。袁世凯认为，出使外交人员，不仅有"重谙交涉"之务，而且有"重习商务"之责。处理好这一问题，是办理好新政不可或缺的重要条件。只有做到这一点，才能够使"内外情通，洋务娴熟，交际之间，应付咸宜，而本国利益，在在均占先著"。

（8）辨名实。袁世凯认为，办理新政，必须杜绝官吏的贪污中饱，从根本上解决官吏的贪污腐败问题。而实现这一方案之道即在于："各官廉俸，从优厘定，计足以资事畜。又量差缺之优绌烦简，酌定经费以资办公。其散职冗员，无所事事者，分别裁并，节其薪俸以供挹注。而经手理财人员，不妨格外从优以杜侵蚀。此外凡财赋厘税所入，涓滴之微，锱铢之细，亦必列为公帑，不准稍有损耗。盖明予之千金有所不吝，而暗取之丝毫在所必严。有坐赃者尽法痛惩不贷。果能事事核实，不但赋税可期倍增，即将来仿行各国兴利致富诸法，亦可期有成效。综核名实之道，必当以此为先务。而理财得失，关键亦即系于此。"

（9）裕度支。袁世凯认为，"各国财政，途迳纷繁。大要在采矿产、造铁路、兴商务、通货币及一切生财之道。凡可以利国利民者，靡不竭力经营，官吏提倡之、保护之，而又昭示大信、历久不渝。故上下交孚而利源日辟"。办理新政，首先在于"亟兴商务，以保利权而厚民生"。必须使"办理商务者扫除在官习气，使官商一体，情意相通"，"遇事联络声势，通力合作，以与洋商相角逐。有害则官为除之，有利则官为倡之。其有抑制凌铄者官为保护之，其有财力不逮者官为助成之。办理商务人员，又须常历各口，随时接见诸商，讨论中外商务情形，访询利病，相机兴革。又须与出洋人员，互通声息，协筹合谋，始可日有起色"。袁世凯还认为，要想度支充裕，还必须访查各国税章，"择其裕国而不病民，可以推行中国者"，"各就地方情形、会议增减，以期行之无弊"。只有这样才可使"利源日拓，库帑日充，然后因富求强，势自顺而事自易矣"。

（10）修武备。袁世凯认为，各国士农工商兵，均有专学，而兵学尤重。"中国兵事，本无专学，应试士子，向取弓、矢、刀、石。用之今日，既非所宜，而营兵之执持枪炮者，又多不知运用理法。将弁半起家卒伍，但凭血气，绝少谋略，斯其所以弱也。"改变之法，首在于废止武试旧科，多设新式武备学堂；次在于裁撤旧军，训练新军；三在于自力更生，自造军火器械。"自强之要，不外是矣"。

以上十条建议，充分地表述了以袁世凯集团关于新政的主张及思路。袁世凯认为，这些主张虽"皆卑无高论"，然而却"切而易施"，只要"兢业一心，恢张百度，行之以渐，不责近功，持之以恒，不摇定见"[1]，就必然能够取得新政的成功。历史表明，后来袁世凯集团在新政中的所作所为，基本上没有超出这十条主张的范围。至于光绪三十一年（1905年）以后袁世凯的新政主张中又增加了要求实行立宪政体一条，那是既有国内立宪派与袁世凯集团内部人士的推动，又有袁世凯从光绪二十七年到三十一年（1901—1905年）办理新政中进一步得出的关于出路问题探讨的结果，当然也应当算作袁世凯集团在清末新政中行动纲领的一部分。前十条加上后一条，构成了袁世凯集团在清末新政中的指导思想和行动纲领，袁世凯集团在新政中所以能够做得轰轰烈烈，办理新政成为各省的楷模，究其根源实与袁世凯提出的这些政治主张及行动措施有着十分重要的关系。

（二）《江楚会奏变法三折》

光绪二十七年（1901年）五月，出使日本大臣李盛铎上奏，提出了参考各国变法实行君主立宪的主张。此后，两广总督陶模、会办商约大臣盛宣怀、闽浙总督许应骙、安徽巡抚王之春等人也都提出了一些关于变法、改革的主张与建议。光绪二十七年（1901年），张之洞、刘坤一联衔，先

---

[1] 廖一中、罗真容整理：《袁世凯奏议》（上），天津古籍出版社1987年版，第268—277页。

后于五月二十七日向清政府上奏《变通政治，人才为先，遵旨筹议折》，六月初四上《遵旨筹议变法，谨拟整顿中法十二条折》，六月初五上《遵旨筹议变法，谨拟采西法十一条折》，史称《江楚会奏变法三折》。

《江楚会奏变法三折》的主要内容是：第一折是关于教育改革，其核心是兴学育才。主要有四条措施："一曰设文武学堂，二曰酌改文科，三曰停罢武科，四曰奖励游学。"第二折关于政治改革，以整顿中法为"治之具"，主张通过统治政策的调整为改革提供一个稳定的社会环境和制度保证。第二折主要提出了变通中法十二条。主要有：（1）崇节俭；（2）破常格；（3）停捐纳；（4）课官重禄；（5）去书吏；（6）去差役；（7）恤刑狱；（8）改选法；（9）筹八旗生计；（10）裁屯卫；（11）裁绿营；（12）简文法。第三折提出了采用西法十一条以补中法之不足，主张通过向西方学习以实现改革的根本目标——富国强兵。主要是：（1）广派游历；（2）练外国操；（3）广军实；（4）修农政；（5）劝工艺；（6）定矿律、路律、商律，交涉刑律；（7）用银圆；（8）行印花税；（9）推行邮政；（10）官收洋药；（11）多译东西各国书。①第二折和第三折分别阐述"除旧弊"和"行新法"，这是江楚会奏的核心内容。他们认为："立国之道，大要有三：一曰治，二曰富，三曰强。国既治，则贫弱者可以力求富强；国不治，则富强者亦必转为贫弱。整顿中法者，所以为治之具；采用西法者，所以为富强之谋也。"改革的根本目标是国家的富强，而实现这个目标的基本条件则是国家政治的稳定。

《江楚会奏变法三折》还有一附片，即《请专筹巨款举行要政片》，主张为举办新政"专筹巨款"。新政的开办必然需要大量经费，但是，当时清政府面临着支付西方列强巨额赔款的困难，财政极为紧张。他们预料到此时提出为新政筹款的问题可能会遭到反对，因此特别说明了筹款的重要

---

① 《江督刘鄂督张会奏变法第二折》，《变法奏议丛抄》第一册，光绪辛丑上海书局石印，第1—27页。

意义。他们认为，仅仅靠全国人民省吃俭用以还清赔款，并不能解决中国的根本问题；为挽救民族危亡，中国人民必须振作起来，进行新政改革，走自强之路。"节用之与自强，两义自当并行，不宜偏废。此时应省之事必须省，应办之事必须办，应用之财必须用。"显然，在他们看来，新政是"必须办"之事，为新政所筹之款也是"必须用"之财。他们的结论是："既须筹赔偿之款，尤宜筹办事自强之款。赔偿之款，所以纾目前之祸难；自强之款，所以救他日之沦胥。应请敕下政务处大臣、户部及各省督抚，于赔款外务必专筹巨款，以备举行诸要政，庶几各国刮目相待，而中国之生机不至于遽绝矣。"①

《江楚会奏变法三折》涉及政治、经济、军事、文化教育等方面，是一个较为全面系统的新政改革方案。这个奏折得到清廷谕旨的批准，对于此后新政的开展具有重要的意义。

三、得失之小结

从历史发展的角度而言，庚子八国联军侵华后，清政府已经衰弱至极，国破民贫，改革无疑是在寻求出路。通过体制改革，清政府希望达到富国强兵、转移民众的斗争视线，并且实现国家独立与自强等目的。改革如果取得成功，这一切当然是水到渠成、自然而然。然而，清政府对体制改革只看到了成功的一面，对于改革中的诸多不确定因素，或者说是如果不成功该怎么办却无对策与备选方案，或者说是没有充分考虑，这显然是统治者的政治失策。事实上，自从清政府决定实施全面新政开始，影响清政权统治的合法性资源便开始急剧地流失，这是清最高统治者所始料未及的。不仅如此，清政府虽然开始实施新政，但却是将希望寄托在地方督抚

① 李细珠著：《张之洞与清末新政研究》，上海书店出版社2003年版，第104页。

的尽心尽力上面。这一方面表明清政府的统治权威已经明显下降，已无力制定与把握新政的战略方向与方案。另一方面，既然方案的制定者与执行者都是来自地方督抚，那么，随着新政的推进，地方势力必然会逐步膨胀，督抚对中央政府的离心力也必然会进一步增强，皇权必然会进一步遭到削弱，这也是清政府当初决定改革时所始料未及的。

第二章　第二次自强运动

一、改革官员任用制度

清末，行政官员任用制度主要有五项重要的改革。

一是停止捐纳。在清代，通过科举、举贡做官均被视为入仕正途。清中叶以后，通过捐纳涌入官场者日益增多，被称为异途出身。捐纳补官始于康熙年间，以后屡废屡兴，成为一大弊政。康熙时输银捐物仅能取得虚衔，乾隆以后则可实授官职，并可捐纳升级。清代自康熙十四年（1675年）开捐例以来，时开时停。光绪二十七年（1901年）七月，清政府宣布废除捐纳制度，指出"捐纳职官，本一时权宜之政。近来捐输益滥，流弊滋多，人员混淆，仕路冗杂，实为吏治民生之害。现在振兴庶务，亟应加意澄清。嗣后无论何项事例，均著不准报捐实官，自降旨之日起，即行永远停止"。①光绪三十一年（1905年），清政府先下令停止武职捐纳实官，

① 朱寿朋编：《光绪朝东华录》，中华书局1958年版，总第4718页。

随后又下令禁止所有捐纳。至此，捐纳制度即行停止。

二是裁汰书吏。清代中央与地方各衙门多用幕僚书吏。书吏皆父子兄弟相传，成为长官的私人手足，虽职位卑微，却熟于吏事成例，往往与长官狼狈为奸，阴操实权，甚至相互勾结，挟制本官。清末官场，官员为书吏所绑架。书吏为所欲为，贪污腐败，严重削弱了清王朝政权的统治基础。

光绪二十七年（1901年）四月，陈璧上奏说："国家定制，以六曹总理庶务，若网在纲，天下大政，咸受成于是。立法非不尽善，然行之既久，而百弊丛生者，何也？官不亲其事，而吏乃攘臂纵横而出于其间也。夫所谓大政者，铨选也……以吏为之，铨选可疾可滞，处分可轻可重，财赋可侵可蚀，典礼可举可废，人命可出可入，狱讼可上可下，工程可增可减……天下之乱，恒必由之。"[①]陈璧提出裁撤书吏，司员亲手经理部务，处理案卷文牍。

对于陈璧的奏请，清政府认为，"所陈洞中窾要，有裨治理，殊甚嘉许，亟宜切实施行。著京师行在六部各衙门堂官，按照所陈办法，均责成各司员亲自经理例案，不准再行假手书吏……将现行各律例删繁就简，弃案就例，悉心筹度，详细核定，奏明办理"。以此为契机，同年四月，清政府发布上谕，全面整理行政六部事务："京师为天下之根本，六部为天下政事之根本。六部则例本极详明，行之既久，书吏窟穴其中，渔财舞文，往往舍例引案，上下其手，今当变通政治之初，亟应首先整顿部务，为正本清源之道，非尽去蠹吏，扫除案卷，专用司员办公不可。"[②]

清政府在整顿中央行政六部，裁撤书吏的同时，认识到地方也必须一并整顿。因为地方书吏与六部书吏互相勾结，有着千丝万缕的关系，仅整顿中央各部门书吏难以做到吏治的澄清。缘此，光绪二十七年（1901年）

---

① 朱寿朋编：《光绪朝东华录》，中华书局1958年版，总第4662页。

② 朱寿朋编：《光绪朝东华录》，中华书局1958年版，总第4664、4666页。

四月，清政府专门谕令说："近因整顿部务，特谕各部院堂官督饬司员，清厘案卷，躬亲办事，将从前蠹吏，尽行裁汰，以除积弊。惟闻各省院司书吏亦多与部吏勾通，其各府州县衙门书吏，又往往交通省吏，舞文弄法，朋比为奸，若非大加整顿，不能弊绝风清……著各该督抚通饬所属，将例行文籍，一并清厘，妥定章程，仿照部章，删繁就简。嗣后无论大小衙门，事必躬亲，书吏专供缮写，不准假以事权，严禁把持积压串通牟利诸弊。其各衙门额设书吏，均分别裁汰；差役尤当痛加裁革，以期除弊安民。毋得因循徇庇。仍由该督抚将整顿章程咨明政务处大臣，汇核具奏，其认真与敷衍，不难按牍而知也。"[①]

三是整顿宗室。在整顿吏治的同时，清政府还对宗室事务进行了整顿。

清朝自入关定鼎之后，宗室旗人，王公子弟，皆作为特殊阶层而不与汉人同处，不与汉人通婚，完全靠朝廷供养生活。迨至清末，满洲子弟大多变成不学无术、胸无大志、游手好闲之辈，甚至沦为所谓的"盗匪"和信奉"邪教"之人。而专门负责宗室事务的宗人府，也变得疏于管理，人浮于事，不能发挥应有的作用。对此一问题的严重性，清统治者还是有着较为清醒的认识。光绪二十七年（1901年）五月，清政府发布上谕说："我朝开国以来，宗室人才蔚起，超越前古。凡属宗支，宜如何谨守家法，增辉瑶牒，乃近来风气日趋浮靡。其已登仕版者，每多沾染习气，不思上进。著宗人府宗令等传谕各宗室，务当力除积习，争自琢磨，勉成大器。其闲散宗室，往往有不务正业，日事游荡，甚至为匪徒邪教煽诱，肆意妄行者，实属有玷天潢，殊堪痛恨。并著该宗令等严加约束，随时察究，如有自甘暴弃，信邪为匪者，即著从严惩办，毋稍姑容。"[②]

四是职官分级。在清末官制改革中，清政府将各级行政官员分为特简、请简、奏补、委任四种官级和任官方式。钦命官、内阁部院大臣、京卿以上

① 朱寿朋编：《光绪朝东华录》，中华书局1958年版，总第4669页。
② 朱寿朋编：《光绪朝东华录》，中华书局1958年版，总第4676页。

各官为特简官，遇有缺出，直接由皇帝简任；各部院所属三、四品官员为请简官，遇有缺出，由该部院长官拟保3人，与总理大臣商量后，请皇帝任命；各部院五至七品官为奏补官，由部院大臣查明才智相当者，奏请皇帝补授；八、九品人员为委任官，由主管人员量才量用，只须报内阁备案。

五是裁撤旧有衙门及停止一些败政举措，与上述措施相辅相成。

光绪二十七年（1901年）七月，清政府谕令废除武举，认为"武科一途，本因前明旧制，相沿既久，流弊滋多，而所习硬弓、刀石、及马步射，皆与兵事无涉，施之今日，亦无所用，自应设法变通，力求实用。嗣后武生童考试及武科乡会试，著即一律永远停止"。[①]

光绪二十八年（1902年）正月，谕令将詹事府裁撤，归并于翰林院；同时由于改题为奏，通政司已无实际存在的必要，也一并裁撤。[②]

光绪二十八年（1902年）三月，裁撤所有河东河道总督，一切事宜改归督抚兼办。[③]

光绪三十二年（1906）九月，统一厘定官制，总司核定之庆王奕劻等奏："太常、光禄、鸿胪三寺，同为执礼之官，拟并入礼部"，当即奉谕批准。同时，并将太仆寺并入陆军部，裁撤都察院所属六科名称。其初议裁并之大理寺，此次不但未裁，反扩大为大理院。[④]

二、增设新的行政机构

清政府自光绪二十七年（1901年）宣布实行新政改革以来，一方面整

---

① 朱寿朋编：《光绪朝东华录》，中华书局1958年版，总第4697页。

② 朱寿朋编：《光绪朝东华录》，中华书局1958年版，总第4830页。

③ 朱寿朋编：《光绪朝东华录》，中华书局1958年版，总第4845页。

④ 参见张德泽著：《清代国家机关考略》，学苑出版社2001年版，第285页。

顿吏治，调整各方面关系，一方面为适应新形势的需要，增设新的行政部门。至1906年丙午改制之前，清政府共增设了外务部、商部、巡警部和学部。这些行政部门的设立，增加了许多新内容，对传统的清朝中央官制形成极大的冲击；同时，也为清政府进一步改革与推行新政，奠定了基础。

（一）外务部

外务部是清政府举办新政以来设立的第一个新的行政部门。为适应自辛丑以来形势的变化，为了改革旧有的总理衙门，在列强的要求和压力之下，清政府将总理各国事务衙门改名为外务部，班列六部之首。

光绪二十七年（1901年）五月，参与《辛丑条约》议定和签署事宜的奕劻、李鸿章向朝廷报告说："兹据领衔日使葛络干照会，以各使公商，拟请将总理各国事务衙门改为外务部，冠于六部之首。管部大臣以近支王公充之。另设尚书二人，侍郎二人，尚书中必须有一人兼军机大臣，侍郎中必须有一人通西文西语。均作为额缺，予以厚禄。"[1]这说明外务部的设立，与列强的干预有着密切的关系。

光绪二十七年（1901年）七月，清政府正式谕令将总理衙门改为外务部，简派奕劻总理外务部事务，体仁阁大学士王文韶为会办外务大臣，工部尚书瞿鸿禨调补外务部尚书，授为会办大臣，太仆寺卿徐寿朋、候补品京堂联芳著补授外务部左右侍郎。[2]

外务部内部机构分设四司：和会司、考工司、榷算司和庶务司。四司之外，又设司务厅，有司务2员，以翻译官拣补。除此之外，外务部还有储才之地——同文馆，设提调1员，以各司帮掌印拣员兼充；帮提调2员，以七品翻译官选充[3]。四司和司务厅是外务部的行政主体，主体之外，又设

---

① 朱寿朋编：《光绪朝东华录》，中华书局1958年版，总第4665页。
② 刘锦藻撰：《清朝续文献通考》卷118，《职官四》。
③ 刘锦藻撰：《清朝续文献通考》卷118，《职官四》。

五股，实际上只负责翻译事务。初为俄、德、法、英、日本五处，每处设七、八、九品翻译官各一缺。宣统元年（1909 年），俄、德两股合并为德俄股，同时增设秘书股。同年，外务部奏准增设机要股，到清亡时，外务部共有六股：秘书、机要、英、法、德俄、日本。每股又改设股长 1 人，一等股员、二等股员、三等股员及股上行走若干人。

（二）商部

商部的设立与载振、奕劻有着密切的关系。

光绪二十八年（1902 年），载振参加英王加冕典礼，在五个多月的时间里游历了英、法、美、加拿大、日本等国家，不仅注重考察西方的政治制度，而且十分留意中外商务。载振回国后，便向朝廷奏请设立商部。

光绪二十九年（1903 年）三月，清政府批准设立商部。关于商部设立的目的，上谕中说得十分清楚："通商惠工，为古今经国之要政，自积习相沿，视工商为末务。国计民生，日益贫弱，未始不因乎此。亟应变通尽利，加意讲求。"[1]

商部成立之后，首先接管了铁路矿务总局，逐步成为一个统管农工商路矿各项要政的机构。它的设立，直接借鉴了西方近代商务机构的运作模式。

商部的设官分职情况是：尚书 1 人，左右侍郎各 1 人；左右丞各 1 人，正三品；左右参议各 1 人，正四品；内部机构分设四司和司务厅：保惠司，专司商务局所学堂招商一切保护事宜；平均司，专司开垦农务蚕桑山利水利树艺畜牧一切生殖之事；通艺司，专司工艺机器，制造铁路街道行轮，设电开采矿务，聘请矿师，招工诸事；会计司，专司税务银行货币各业，赛会禁令，会审词讼，考取律师校正权度量衡以及本部报销经费等。司务厅专司收发文件、缮译电报等。每司设郎中、员外郎、主事各 2 员，司务

---

① 朱寿朋编：《光绪朝东华录》，中华书局 1958 年版，总第 5013 页。

厅司务2员，额外司员每司限设2员。另外，商部还设有律学馆，有总纂官2员，纂修官2员；商报馆设提调官1员，均以本部司员兼充。

（三）巡警部

巡警部为适应清末京师及各省地方治安保卫的形势要求而设立。

早在戊戌变法期间，便有办理警政的实践，如湖南的保卫局，但随变法的失败而归于沉寂。清末新政兴起，要求办理警政的呼声随之高涨。

光绪二十八年（1902年）十月，署四川总督广东巡抚岑春煊率先倡议于京师特立警务部，于各省特立警署。

光绪三十一年（1905年）九月十日，清政府发布上谕，正式成立巡警部，作为管理全国警政的最高机构，任命"署兵部左侍郎徐世昌著补授该部尚书，内阁学士毓朗补授该部左侍郎，直隶候补道赵秉钧著赏给三品京堂署理右侍郎。所有京城内外工巡事务均归管理，以专责成。其各省巡警并著该部督饬办理。该尚书等务即悉心统筹，力任劳怨，严定章程，随时切实稽核，期于内外靖谧，黎民乂安，用副委任。一切未尽事宜，即由该部妥议具奏"。[①]

巡警部设尚书1人，左右侍郎各1人，由皇帝特简，为该部最高首长；左右丞各1人，正三品，负责该部具体事务，统率各司，辅佐尚书侍郎整理全国警政，筹议警察制度。左右参议各1人，为正四品，分判各司事务，稽核司员以下功过，所有京外警章均归丞参详审复核，呈由尚书、侍郎奏咨。设郎中5人为各司长官，"总理司事"。员外郎16人，协助管理科务，七品小京官4人，一二三等书记官每司限10人，秩比七八九品笔帖式，司书生若干人，无定额。此外，还仿照商部顾问官之例，在各省和各埠设一二三等采访官，如有深通警务之员，灼知其品行端谨，办事认真及著有成绩者，无论官绅，由臣部分别派为一二三四等采访官，以便侦访要务，

---

① 刘锦藻撰：《清朝续文献通考》卷119，《职官五》。

俾消息灵通，且可随时考核各省警务以时报告。巡警部章程还规定，"无论部员、厅员补缺后，皆不得兼充各衙门差使，以专责成。"

巡警部内部机构设有五司16科，其职掌分别是：

警政司，下设4科：行政科，"掌管警卫、保安、风俗交通，及一切行政警察诸事项。考绩科，掌考核各省警官之能，及举劾之事，并各省警官选用，记名及奏补事项，又管理部厅各员一切升转事宜。统计科，掌各省警务款项之考核，部厅各处支发俸饷，购办物件及预决算列表之事，其各司各科所办警政分类统计每年编成总册刊布。户籍科，掌审定稽查户口章程，管理各省地方户籍，报告户口统计，凡各省寺院僧道人数、教民人数、外国人人籍皆隶之。

警法司，下设四科：司法科，掌审定司法警察办事章程，凡司法警察官之配置及参核成绩，调查罪犯种类等事均归核办。国际科，掌审定国际警察事务规则，调查各省租界警政情形，一切交涉及翻译事件。检阅科，掌查阅报章书籍，如有违报律，出版律者随时检举，并管京外各报馆书坊一切事宜，会同商部、学部分别办理。调查科，掌调查各省政法，民情及地方习惯风尚，会同各科审定一切警章。

警保司，下设4科：保安科，掌预防危害，保持公安，宣布应行告诫禁止之一切命令，并查禁奸民，棍徒结会拜盟，扶占等事。卫生科，掌考核医学堂之设置，卫生之考验，给凭，并洁道、检疫、计划及审定一切卫生保健章程。工筑科，掌京城内外道路工程，均归计划，调查各省都会及商埠修路工程，并审订京外各警厅房屋式样与工厂，戏馆建筑之检查，凡公私营建皆隶之。营业科，"掌市中一切营业开张申报存案并审定铺捐，车捐各项捐章及市场、绅董、公所办事章程，将来京城内外所设电灯、自来水、市街、铁路均归核准保护"。

警学司，下设二科：课程科，掌审定各省巡警学堂章程，考核警官学业之成绩及给凭，注册等事。编辑科，章翻译各国警察法规及各种警学专书。

警务司，下设二科。文牍科，掌办紧要奏稿，及关涉全部事体之文件，并电报、电话及报告机要事项，其各司专件仍归各该司办理。庶务科，掌理部中一切杂项事务稽核部员功过簿册，并考查司书生侵惰及约束夫役人等，以时报告稽凭考核。巡警部还设有机务所，凡开用印信、收发文件、接洽电话、值日、值宿、递折等事皆隶之。设七品小京官4人，轮流值日管理。

巡警部的附属机构有：京师内、外城巡警总厅，京师内、外城预审厅，高等巡警学堂，京师习艺所、路工局、消防队、协巡营（又称协巡队）、探访队、稽查处等。

光绪三十二年（1906年），巡警部改为民政部。

（四）学部

光绪三十一年（1905年），清政府宣布废除科举，建立近代新的人才培养机制和选官制度，这样自然要求一个行政总汇，以管理相应事宜，因而便有了学部的诞生。同年十一月，清政府颁布上谕，确认振兴学务"必须有总汇之区，以资董率而专责成，著即设立学部"[①]。调荣庆为尚书，熙瑛、严修为左右侍郎，国子监同时归并学部。

学部官制职守如下：

设左右丞各1员，秩正三品，佐尚书、侍郎整理全部事宜，并分别各司事务，稽核五品以下各职员功过；左右参议各1员，秩正四品，佐尚书、侍郎敷订法令章程，审议各司重要事宜；设参事官4员，秩正五品，视郎中，佐左右参议核审事务。

学部设五司和一个司务厅。五司是总务司、专门司、普通司、实业司、会计司。每司下面设科共12科。

光绪三十二年（1906年）五月，学部和礼部会奏划分权限："从前之贡士、举人、恩拔副岁优贡并廪增附生、例贡监生考试引见，解卷行文以

---

① 朱寿朋编：《光绪朝东华录》，中华书局1958年版，总第5445页。

及改卷改籍更名，就职报捐一应事宜，通由礼部仍照例章分别核办。至由学堂出身之进士、举人、优拔岁副贡、廪增附生，暨出洋游学毕业生，并国子监归并学部后，在学部领照之监生考试引见，解卷行文以及改籍更名，就职报捐一应事宜，通由学部照查新章，分别核办。"①

学部的设立，在借鉴此前外务部、商部、巡警部官制的基础上，体现了近代教育机构的特点和功能，适应废科举、兴学校、育人才的需要，有其一定积极意义。

综上可见，外务部、商部、巡警部和学部的设立，以及清政府的其他辅助改革措施，如裁革书吏、裁撤冗闲衙门等，打破了自近代尤其戊戌以来改革传统官制的坚冰，而且有的内容是前所未有。所有这些，一方面说明清政府改革和振作的力度相当之大，另一方面也促使清政府必须做进一步的改革，进一步调整中央官制及其改革与裁撤与形势发展不合拍的衙门机构。改革一旦启幕，即不容因循停顿②，只能是摸着石头过河，一步步向深水区域挺进。

三、兴办新式学堂

新式学堂是培养现代人才的地方。要振兴中国，摆脱亡国灭种的危机，人才是亟需的。所以对兴办新式学堂，清政府给予了高度重视。"人才为政事之本。作育人才，端在修明学术"③，兴学育才，实为当今急务。在此思想指导下，清政府积极地颁令实办。京师为四方注目之重心，故此必

---

① 刘锦藻撰：《清朝续文献通考》卷122，《职官八》。

② 参见鞠方安著：《中国近代中央官制改革研究》，商务印书馆2014年版，第83—96页。

③ 朱寿朋编：《光绪朝东华录》，中华书局1958年版，总第4719页。

须先行一步，表率全国。为此，清廷特派张百熙为管学大臣，令其将学堂一切事宜责成经理，务期端正趋向造就通才。

在整顿兴办京师大学堂的同时，各省地方学堂也次第兴办。

光绪二十七年（1901 年）八月，清廷通谕全国："除京师已设大学堂，应行切实整顿外，著各省所有书院，于省城均改设大学堂，各府及直隶州均改设中学堂，各州县均改设小学堂，并多设蒙养学堂……务使心术纯正，文行交修，博通时务，讲求实学……著各该督抚学政，切实通饬，认真兴办。"①次年二月，清廷再次谕令各省妥速筹划学堂，并将开办情形详细具奏，如果再观望、敷衍、塞责等，绝不宽容。

光绪二十八年（1902 年）七月，清政府颁布由张百熙、荣庆制定的《钦定学堂章程》。

光绪二十九年（1903 年）十一月，清政府又颁布由张百熙、荣庆、张之洞订立的《奏定学堂章程》。制定了从蒙养院、初等小学、高等小学、中学堂、高等学堂、大学堂直至通儒院的普通教育体系，从初级师范学堂到优级师范学堂的师范教育体系和从初等农工商实业学堂、中等农工商实业学堂到高等农工商实业学堂的实业教育体系。中国历史上第一个类型比较齐全、体制比较完备、真正具有现代意义的学制体系，自此建立起来。

既有京师大学堂做表率，又有政府为督办，至光绪三十一年（1905年），不仅京师大学堂的建设卓见成效，而且"各省学堂，已次第兴办"，达近万所之多。在此基础上，清廷又设了主管全国教育事宜的最高行政机构——学部，"以资董率而专责成"。

在新式学堂不断创办的同时，要求改革传统教育制度的潮流至庚子事变以后已经势不可挡。在新政发展过程中，急需新式人才，这又是科举制度难以解决的问题，连清廷也感到科举已失去存在的价值，光绪二十六年十二月初十日（1901 年 1 月 29 日）以光绪皇帝的名义发出的上谕中，把

---

① 朱寿朋编：《光绪朝东华录》，中华书局 1958 年版，总第 4719 页。

科举制度列为实行新政时"当因当革"的项目之一，要求大臣进行讨论。刘坤一、张之洞奏上实行的新政折，即以兴学堂、改科举、派留学为请，此后清廷下令废止八股考试程式，改书院为学堂，科举之废，成为大势所趋。

光绪二十八年（1902年），清廷明颁谕旨指出："现在学堂初设，成材尚需时日，科举改试策论。"此谕颁出不久，又发新诏："嗣后乡会试头场试中国政治史事论五篇，二场试各国政治艺学策五道，三场试四书义二篇、五经义一篇。考官阅卷合校三场以定去取，不得偏重一场。生员岁科考试仍先试经古一场，专试中国政治史事及各国政治艺学策论，正场试四书义五经义各一篇，考试试差庶吉士散馆均用论一篇策一道。进士朝考论疏，殿试策问，均以中国政治史事及各国政治艺学命题，以上一切考试凡四书五经均不准用八股文程式，策论均应切实敷陈，不得仍前剽窃。"

为了堵住科举选士之路，清廷又规定：自明年（光绪二十九年）会试为始，凡一甲之授职修撰编修，二三甲之改庶吉士，用部属中书者，皆今入京师大学堂，分门肄业，其在堂肄业之一甲进士庶吉士，必须领有卒业文凭，始咨送翰林院散馆，并将堂课分数，于引见排单内注明，以备酌量录用。这样，仕官之途不再是科举正甲，而是由学堂肄业了。

光绪二十九年（1903年），袁世凯以直隶总督的身份联合署理两江总督张之洞，奏请清廷递减科举以图渐次废除。在形势的推动下，不久，学部大臣张百熙根据袁、张的奏折，提出了具体的措施，计划用10年时间彻底废除科举制度。蓝缕初开，清廷遂颁布《奏定学堂章程》，新的教育制度——癸卯学制应运而生，从而奠定了中国近代新式教育的基础。

在督抚大员的强烈要求下，清廷决心改弦更张，发布上谕：著即自丙午科为始，所有乡会试一律停止，各省岁科考试亦即停止。"这样，从隋炀帝大业二年（606年）起，在中国社会统治长达近1300年的科举制度，终于废除了。

科举制度的废除，打破了以科名选拔官僚体制的格局，有力地冲击了传统的选士制度，为新式的近代学校教育在中国扎根从制度上扫除了障碍。从此以后，中国得以在教育方面走出千百年的传统樊篱，面向世界，逐步与世界潮流接轨。但另一方面，因为科举的骤废，大批传统士子无出路可寻，他们在感情与利益上与清政府脱离，走上了不满政府甚至支持革命的道路，这也是造成清末社会不稳定的一个重要因素。

四、改兵制练新军

在同列强的战争较量与镇压太平天国运动过程中，八旗、绿营兵的腐败与八旗、绿营兵制的落后充分暴露，不改兵制不足以振武，不练士兵不足以御敌。庚子事变以后，在内外危机十分严重的情况下，清政府开始较前更为积极地进行编练新式军队。

新政时期，在改革兵制方面，清廷令旨迭出，号令全国认真落实与训练。光绪二十七年（1901年），清廷颁布改行常备续备诏书，当时各省奉诏，都纷纷改编常备续备军。清廷这一道上谕，具有十分重要的意义。因为清政府从咸丰以后，练兵事权，全归疆吏主持，自此谕后，就有了中央政府统一练兵的企图，这是后来设立中央练兵处的兆端。

光绪二十九年（1903年），清廷在京师成立了练兵处，由奕劻负总责，袁世凯、铁良为会办，作为中央统筹全国编练新式陆军事宜的总机关，责成其统筹各地练兵事宜，奏定章制。

清廷规定，陆军编列名号，通国一贯，脉络相连，将帅不得擅立主名，行省不得自为风气。

在地方，清廷责令各省成立督练处，负责本省的练兵事宜。

光绪三十年（1904年），清政府又颁布陆军制度，计划在全国训练新式常备军三十六镇，限年编立。清政府为此制定了许多营规法制，确定军队分第一至若干军，设总统官1人；每军以镇为经常编制，下辖两镇至若干镇不等，设统制官统领；每镇下辖两协，协置协统统帅；每协下辖两标，设统带指挥；每标下设三营，设管带为长；每营辖四队，设队官管理；每队辖三排，每排设排长1人，等等。

在改兵制练新军的同时，为了更有效地提高军队素质与指挥水平，清廷于光绪二十七年（1901年），下令停止武科举，改由设置武备学堂造就军事人才。清廷旨令颁发，全国各地纷纷设立武备学堂，并以严格的制度教习训练，造就了一批新式的军事人才。以北洋为例，直隶总督袁世凯在编练北洋新军的同时，于保定开办了一批军事学堂。主要有：（1）北洋行营将弁学堂，创建于光绪二十八年（1902年）；（2）练官营，创建于光绪二十八年（1902年）；（3）参谋学堂，创建于光绪二十八年（1902年）；（4）测绘学堂，创建于光绪二十八年（1902年）；（5）北洋陆军师范学堂，创建于光绪三十年（1904年）；（6）宪兵学堂，于光绪三十一年（1905年）建军于天津塘沽原水师营房，光绪三十四年（1908年）十一月，该校改隶陆军部，改名为"陆军警察学堂"；（7）马医学堂，创建于光绪三十年（1904年）；（8）军医学堂，创建于光绪二十八年（1902年）；（9）军械学堂及经理学堂，光绪二十九年（1903年）开学；（10）北洋陆军武备学堂。光绪二十九年（1903年）创办；（11）陆军速成学堂。创建于光绪三十二年（1906年）；（12）陆军军官学堂。创建于光绪三十二年（1906年）；（13）北洋陆军讲武堂。于光绪三十二年（1906年）创办于天津，此外，袁世凯还创办了电信、信号学堂等。武备学堂代替武科举是我国军事史上的一大进步，可以说，在清末军事改革历史上，清政府花费的心血最多，投入经费也最多。

五、发展工、商、邮政与铁路交通事业

在清末新政中，清政府在经济方面的重要表现，就是主张兴办商务、

矿务、铁路、电报等近代化事业，并为此采取了许多措施。

商务、矿务是清政府财政收入的重要来源之一，在清政府财力极端匮乏的情况下，兴办商务、矿务就显得十分迫切与重要。光绪二十九年（1903年），清政府裁并路矿总局，成立商部，与各部并列，以加强对全国商务、矿务方面的统一领导。同年十月，商部在各省设立商务局，作为省级振兴工商业的机构。与此同时，清廷又谕旨商部陆续制定颁发了许多有关商务方面的章程，以加强中央政府对全国商务、矿务方面的领导。在这些章程中，有《商会简明章程》，有《大清商律》，有《公司注册章程》，有《商标注册暂拟章程》，有《重订矿务暂行章程》等，它们吸收了发展资本主义工商业的诸多有益的东西，对于发展中国近代的资本主义工商业，具有一定的促进意义。

在清政府的努力下，新政期间，各地的商务、矿务较前都有了一定程度的发展。如四川的商务与矿务就有较为突出的成就。光绪二十五年（1899年）四川就已奏准设立了商务局，招商开办商务。至二十六年（1900年）以后，出现了"矿务大兴"的局面，重庆、邛州、泸州、隆昌各煤矿陆续开办；商务也有很大发展，重庆仿照西方之法制造的烟卷远销上海，商务局下设的一家白蜡公司，两年四个月就收解白银5600余两，比以前增加了十多倍。在全国其他各地，商务、矿务的兴办也较以前有了不同的成效。

在铁路的修建方面，光绪二十七年（1901年），清政府派王文韶、瞿鸿禨督办关内外京榆铁路；令岑春煊、锡良早日开办山西、河南两省的铁路。光绪二十八年（1902年），派王文韶为督办路矿大臣；瞿鸿禨为会办大臣。同年，清政府将关内外铁路改派袁世凯接收督办，又派袁世凯督办津镇铁路。光绪三十一年（1905年），袁世凯上奏筹款自造京张铁路，得到清廷的积极支持。宣统元年（1909年）京张铁路全线通车。这是中国人自己设计建造的第一条铁路，大长了中国人民的志气。光绪三十二年（1906年），清廷在中央进行官制改革，专门设置邮传部，统一管理全国的铁路。光绪三十四年（1908年），清廷还发上谕督促，指出铁路为交通大政，利商、赈灾、运兵、转饷、开通风气、振兴实业，都要依赖铁路。近些年来，各省官办铁路，都能按期竣工，成效昭著，绅商集股，多无起色，命邮传部选派官员，确实勘查，如果继续坐误事机，唯邮传部及有关督抚是问。

总之，新政期间，中国近代的铁路事业发展到了一个新的阶段。

六、得失之小结

在1901—1905年间，清政府推行的新政改革取得了巨大的成功，这主要表现在经济与教育方面的改革所取得的成效上面。简言之，在这短短的五年时间内，清政府在经济改革方面的成绩最为明显。但是，清政府在这场改革中并非是受益最大的一方。对于清政府而言，因为监督管理不善，这场改革滋生了两个利益集团，即"新政之花"主要集中表现在袁世凯军事官僚集团以及以资本家、绅士为联合体的立宪派集团的形成上面。这对于维护清政权的统治秩序而言，绝非是一件好的事情。这两个利益集团既然已经形成，他们必然会为了攫取更大的权力和利益而加剧与清政府之间的矛盾，统治阶级内部的权力博弈只会愈演愈烈。

第三章　官俸制度之改革

一、清初文官俸禄之嬗变

"制禄之薄，断自元始，明代承之，遂相沿袭。"[①]

在官员俸禄制度上，清承明制，实行的也是一种低俸制度。特别在品官的俸禄问题上表现得更为明显。

清代品官俸禄始定于顺治元年（1644年）。顺治元年定文武官俸薪禄米各有差，"百官俸禄令仍照故明例"[②]。就是说，清初的官员俸禄制度基本上是套用了明代的制度。

当时，文官俸禄是：在京文官每年俸银正一品215.5两，从一品183两；正二品152.1两，从二品120.5两；正三品，88.8两；从三品66.9两；

---

① 故宫博物院、明清档案部编：《清末筹备立宪档案史料》上册，中华书局1979年版，第417页。

② 清高宗敕撰：《清朝文献通考》卷42，《国用考（四）》。

正四品62两，从四品54.7两；正五品42.5两，从五品37.6两；正六品35.4两，从六品29两；正七品27.4两，从七品25.8两；正八品24.3，从八品22.7两；正九品21.7两，从九品19.5两。[①]文官俸米是：一品岁支米180斛；二品岁支米155斛；三品岁支米130斛；四品岁支米105斛；五品岁支米80斛；六品岁支米60斛；七品岁支米45斛；八品岁支米40斛；正九品岁支米33斛1.14斗；从九品兼未入流岁支米31斛5.2斗。[②]此外，这些京官无论品级高低皆支给柴薪银12两。各直省文官俸银与京官同，不给柴薪银。

由上述资料可见，清朝官员仍分为九品十八级，各按品级领取俸禄。清俸禄制度较明代更为复杂，满人官员与汉人官员、京官与外官、文官与武官均有不同的标准。总起来说，清初官员俸禄十分微薄，以正一品为例，明代俸禄额高出清朝3.87倍，唐代俸额则高出清朝4.9倍。官俸的微薄加剧了清初贪污纳贿之风的恶性发展，导致清初吏治的腐败与难治。

清最高统治者当然认识到了这一点，顺治皇帝即位后，开始尝试对官员俸禄制度进行调整。

顺治二年（1645年），清政府规定京官每月支给公费银，宗人府左右宗人、内阁大学士、各部院尚书、左都御史均月支公费银5两；各部院侍郎、内务府总管、内阁学士、宗人府丞、通政使司、大理寺卿等支4两。尽管公费少得可怜，但对京官来说，无疑是增加了一笔小收入。顺治四年（1647年），又定各直省文官岁给薪、（蔬）菜烛炭、心红纸张、案衣家具、修宅等银各有差。文职外官除岁俸银外，总督支薪银120两，蔬菜烛炭银180两，心红纸张银288两，案衣什物银60两；兼都御史衔巡抚则分别为

① 李志茗著：《大变局下的晚清政治》，上海古籍出版社2009年版，第80页。
② 白钢主编，郭松义、李新达、杨珍著：《中国政治制度通史》第十卷，清代，人民出版社1996年版，第567页。

120两，144两，216两，60两；等等①。相对京官来说，外官的额外补贴高多了，虽然这仅是一时之计，根本于事无补，但至少反映了清初最高统治者已经意识到官员低俸问题对于行政工作效率的危害性，开始给予了一定程度的重视。

顺治十年（1653年），顺治皇帝正式对文官俸禄制度进行改革。"在京文武官员俸银满洲、汉人俱一例，按品颁发，禄米即照俸定数，每俸银一两支米一斛"②。规定京官一品给俸银180两，禄米90石；二品155两，77.5石；三品130两，65石；四品105两，52.5石；五品80两，40石；六品60两，30石；七品45两，22.5石；八品40两，20石；正九品33.114两，16.557石；从九品31.5两，15.75石。外官俸银与京官同，不支禄米。该俸禄制度与顺治元年相比，共同的是外官待遇一样，只有俸银，没有禄米。不同之处则体现在：第一，实行九等十级制，正从品级的官员除九品以外，俸禄相同，这也是与历代相异的较为独特之处。第二，京官的俸禄普遍提高了。若米每石按1两银折算，以前，正五品官的俸禄额是227.5两，现在则为270两，提高了18.6%。其他品级的依此类推，俸禄额都增加了。但是这个增加是要付出代价的。因为同时顺治皇帝还宣布裁去在京汉官的柴薪银。就汉官而言，这虽然有所损失，但因大失小，还算是相当幸运的了。第三，与京官相反，外官的俸禄全面减少了。以前正一品的俸银额是215.5两，现在则锐减为180两，一下子少了11.8%多。而且在颁布新俸禄制度前后，顺治皇帝还下令裁去案衣什物银、薪银及蔬菜烛炭银。仍以正一品官为例，这一裁去，其每年又损失了360两。360两是其岁俸银的两倍，实在是一笔不小的数目。然而不幸的事情到此还没有结束。康熙九年（1670年），外官仅存的额外俸——心红纸张银也被谕旨取消了。至此，外官的

① 参见沈师徐、席裕福辑：《皇朝政典类纂》卷170，《国用十七·俸饷》，第2576—2577页。

② 清高宗敕撰：《清朝文献通考》卷90，《职官考（十四）》。

收入只剩下可怜巴巴的那点岁俸银了①。

　　官俸制度关系到吏治清明与否，吏治优劣又直接关系到民心的向背和统治者政权的安危，这是国家盛衰兴乱的关键。历代有远见的统治者，为了王朝的"长治久安"，无不注重对吏治的整饬。康熙皇帝深谙治国之道，在他统治时期，在提高官员俸禄方面下过一定的功夫，但是成效不是很大，以致康熙晚年吏治腐败现象十分严重。

　　早在康熙初年，御史赵璩就提醒过康熙皇帝，指出吏治腐败根源在于俸给过薄，"甚非养廉之道"。他说："总督每年支俸一百五十五两，巡抚一百三十两，知州八十两，知县四十五两，（若以知县论之），计每月支俸三两零，一家一日，粗食安饱，兼喂马匹，亦得费银五六钱，一月俸不足五六日之费，尚有二十余日将忍饥不食乎？不取之百姓，势必饥寒，若督抚势必取之下属，所以禁贪而愈贪也。"②康熙皇帝当然也明白此理。但他并不在乎善意的提醒，反而规劝说："所谓廉吏者，亦非一文不取之谓……如州县官止取一分火耗，此外不取，便称好官。"③他自知官吏俸禄低薄，若纤毫无所资给，则居常日用及家人胥役何以为生？因此，他在一定程度上容忍和默许了地方官员们的贪污行为，甚至允许州县官收取"火耗"，对他们的私征加派听之任之。

　　私征"火耗"是清代官吏贪赃枉法的最主要手段。"火耗"之征，始于明中叶推行一条鞭法后。当时农民缴纳赋税，必须出卖产品以折银。"由本色变而折银，其取之于民也，多寡不一；其解之于部也，成色有定。此销镕之际，不无折耗，而州县催征之时，不得不稍取盈以补其折耗之数。"④这里所谓的"补其折耗"就是"火耗"，即州县官在征银时以零碎

①　参见李志茗著：《大变局下的晚清政治》，上海古籍出版社2009年版，第81—82页。

②　蒋良骐撰：《东华录》，中华书局1980年版，第151页。

③　王庆云：《石渠余纪》卷3《纪耗羡归公》，北京古籍出版社1985年版，第140—141页。

④　清高宗敕撰：《清朝文献通考》卷3，《田赋考（三）》。

银子铸成整块有耗损为由额外所加征的银两。其实，火耗至多不过百分之一二，数目很小。但对于亟思敛财以贴补家用的州县官来说，不啻是条生财之道。他们借"火耗之名，为巧取之术"，通过加征火耗中饱私囊。康熙年间，火耗便非常严重，有些地区甚至高达正赋的50%左右。

州县官征收来的火耗，除极少数部分用来抵补实际损耗外，其剩余一部分被州县官以"养廉"之名占为已有，一部分则以"节礼""寿礼""规礼"等名目分送上司。"各上司日用之资皆取给于州县，以致耗羡之外种种馈送名色繁多"。①这些不法收入倒成为督、抚、布、按、道、府衙门公私费用的主要来源，美其名曰"养廉银"。欲壑难填，发展到康熙后期，文武官员向官弁索取陋规节礼，州县必至横征私派，开始出现陋规累累、贪污成风、吏治日趋腐败的现象。

康熙后期，在征收火耗银中加三加四已属平常之事，多的可以加七加八。像四川有"地丁一两加至四五钱、七八钱者"②。山东、河南也是"火耗每两加八钱"③。湖北条银通常用米折银征收，有的州县"于正项之外，有每石私加三四钱至一两不等"④。康熙四十五年（1706年），工部尚书王鸿绪在一个密折中谈到，山西平遥某知县，全县除加火耗银加四加五，共派银一万八九千两外，又另为戏子派银一万六七千两，合起来等于是加九加十了。⑤另外像湖南省，也一向有加取火耗"视别省为独重"的惯例，再加上其他"无艺私征"，"计每岁科派有较正额赋增至数倍者"⑥。很多地方，因官员征收火耗无度而造成"民不聊生"，或"流离转徙"。在浙江、山

---

① 清高宗敕撰：《清朝文献通考》卷3，《田赋考（三）》。

② 陈瑸撰：《陈清端公文集》卷4，《全川六要》。

③ 汪景祺：《西征随笔》，《西安吏治》。

④ 《湖广巡抚陈诜奏陈楚北地方情形折》，《康熙朝汉文朱批奏折汇编》第2册。

⑤ 《工部尚书王鸿绪奏报会审袁桥参噶礼一案情形折》，《康熙朝汉文朱批奏折汇编》第1册。

⑥ 《清圣祖实录》卷211，康熙四十二年二月丁亥。

西、河南等省，还因此发生请愿告状，甚至聚众起事的。对于这种吏治腐败，晚年的康熙皇帝尽管知道其弊端所在，但他却拿不出解决问题的切实可行办法来。因此，除了惩办一些政府大员，强调了诸如"民间火耗，只可议减，岂可加增"之类警告下属的话之外，就束手无策了。

雍正皇帝洞悉康熙朝吏治问题的根源。因此他登基伊始，便大力着手解决品官的俸禄问题。

其一，下谕在京汉官除了岁俸银外，每年可以领取双份禄米，较之顺治年间的在京汉官，此时在京汉官的工资待遇显然有所提高。

其二，吏、户、兵、刑、工五部堂官俸银、禄米皆加倍给予，工资翻番，可以得到双俸之数。

其三，建立外官养廉银制度，行"低俸禄，高养廉"的工资补贴政策。

雍正皇帝即位第一年便开始实施耗羡归公的改革，将各地火耗提解归公，缴交地方司库管理。其中，归公耗羡银的主要用途之一是发给外官的养廉银。为使养廉银能够有效到位，分配公平合理，雍正皇帝建立了一套严密的养廉银制度：各省根据省内情况估计出具体的养廉银额，并酌议增减数目，按年份造册上报户部，户部则根据地方远近、事务繁简、用度多寡的原则确定各省各级官员的养廉银所得，确定之后，户部每年根据定额支给养廉银，而各省也要按年造册，随同奏销钱粮各册，咨送户部复销。

雍正年间，各省督抚的养廉银额相当高，一般超出其岁俸银少则数十倍，多则上百倍。养廉银事实上成了外官的主要收入，相比之下，其岁俸银倒成了可有可无的进项。雍正皇帝推行的这种"低俸禄，高养廉"的工资补贴政策，在一定程度上触及了清初贪污腐败现象的根源，较为有效地解决了康熙晚年吏治中的腐败问题。雍正以后，朝廷始以恩俸和养廉银作为正式俸禄的补充。恩俸是指给京官发放双俸，地方官则发给养廉银。恩俸和养廉银在初期仅是京官和地方官的职务津贴，到后来逐渐发展成为普遍增俸的手段。

　　乾隆皇帝在位期间，对文官的俸禄问题仍然比较关注。他继承了乃父雍正皇帝的做法，使文官俸禄臻于划一、完善，并形成定制。首先，他下令谕礼部堂官照五部堂官例，给与双俸。这样，在雍正朝吏户兵刑工五部堂官领双俸的基础上，又补全了礼部一部，使得六部堂官皆能领取双俸。其次，宣布自乾隆二年（1737年）春季开始，除岁俸银外，另给京官一份恩俸。即是说，在京文官除了原有的一份俸银两份禄米外，还可以得到恩俸——一份俸银，实际上同六部堂官一样，也享受双俸待遇。最后，正式确定养廉银制度的地位，使之成为清代官俸制度的重要部分。养廉银制度实施后，一方面把官吏们的收入公开化，另一方面各官均有养廉的收入来源，既可以"杜州县藉口之端"，又可以"塞上司勒索之路"，使得"馈送谢绝，而摊派无由"，这样极大地杜绝了大多数惯于贪污受贿的官员的利益。①

　　总之，清初文官俸禄自顺治元年初创到乾隆时期的完善，经历了一个嬗变的过程，其最终确立起来的文官俸禄定制是：京官领取双份俸禄；外官的收入则以丰厚的养廉银为主，岁俸银反成了其次的进项了。

二、晚清官俸制度的改革与流产

　　进入19世纪下半叶，清王朝被来自异质文明的西方列强以武力轰出了中世纪，卷入世界资本主义文明体系之中。自此之后，办外交、兴洋务、行新政，清王朝为应付新的形势和世界环境，被迫采取一系列政策创新和制度创新的措施。而这必然会引起政治体制尤其是行政体制的变革，于是作为行政体制中文官制度的重要组成部分——官俸制度的改革也日益为人们所重视，最终被清政府提上了议事日程。

---

① 参见李志茗著：《大变局下的晚清政治》，上海古籍出版社2009年版，第85、86页。

如前所述，清中叶以后文官的俸禄经过改革已比清初有较大的改善，但与西方近代的公务员工资相比还是相差甚远。近代西方各国公务员俸禄优厚，不仅有较高的工资收入，而且还有办公经费可供使用，因此，他们能够安心职守，工作积极性高。另一方面，就中国传统王朝而言，明代之前，官员的俸禄也不能算低，当时"官吏皆有职田，故其禄重。禄重则吏多勉而为廉"[①]。针对晚清官场陋规横行、贪腐严重的不良仕习，清政府也开始借重传统资源和仿效西方成例，对官俸制度采取比较灵活的调整政策。

光绪三十三年（1907年），学部奏请每年发给各级官员的养廉费：尚书1万两，侍郎8000两，丞5000两，国子丞4000两，郎中、参事官、视学官3600两，员外郎3200两，主事2400两。因当时清政府财政困窘，仍按旧章实支，即尚书400两，侍郎300两，丞200两，参议、国子丞160两，郎中、参事官、视学80两，员外郎60两，主事50两。

宣统二年（1910年），资政院奏议中央和地方各级官员公费标准。中央各官每年公费如下：军机大臣2.4万两，尚书1万两，侍郎8000两，左右丞4000两，左右参议3600两；各司郎中以下差官，一等2400两，二等1920两，三等960两，四等600两，五等480两，六等360两，七等180两。地方各级官员每年公费标准，由总督、巡抚、布政使、民政使（交涉使、度支使、提法使、提学使、盐运使）、道台、知府依次递减，分别为2万两、1.4万两、8000两、6000两、4000两、3600两。两江、直隶、奉天因地方重要，公费略高于上述标准。[②]

上述改革方案，从基本精神上看，是有利于统一官俸和澄清吏治的，但由于清政府危机四伏，不久即被推翻，因而它们最终只能成为没有实施的改革方案。

---

① 顾炎武著：《日知录》卷12《俸禄》。

② 参见虞崇胜主编：《中国行政史》，高等教育出版社1999年版，第262页。

三、得失之小结

清代的官俸制度从初创时的照抄照搬明代制度，到雍乾时期的渐趋完备与养廉银制度的确立，再到晚清时期的改革动议及其出现的些许近代性气息，经历了一个不断增置厘革的嬗变过程。虽然，它最终随着清王朝的灭亡而没能够完成其历史性的变化，但与前代相比，它还是别具一格，极富特色的。

第一，清代的官俸行官级制，按官级尊卑给定，其支付方式是银、米兼支，以银为主。与历朝不同，清代品官俸禄凡九等十级，除九品以外，同一品级的正从品官俸禄相同，没有差别。这种不按职事繁简而根据官级高低给定俸禄的做法实际上不公平，也不合理。

第二，中国古代历朝俸禄的支付形式有所不同，或为土地谷粟，或为布帛银钱，大都经历了由实物到货币发展的过程。但是，清代似不在此列。虽然它早期的俸禄支付形式是银、米兼支，但实际上是以银为主。其禄米的发放只是一种恩给手段，俾京官能够"足供养赡"，而外官则干脆不予禄米。

第三，官俸额复杂多变，除了定额的正俸外，还有名目浩繁的各种额外俸。清代的官俸系统，大体上包括宗室王公俸禄、公主以下及额驸俸禄、世爵俸禄、外藩俸禄、文武品官俸禄五大部分。其中，外藩俸禄、文武品官俸禄又分别由蒙古俸禄、四部俸禄与文武京官、文武外官俸银组成。这五大部分的每个部分内又根据政治地位的高低划分为许多等次和级别，其待遇有别，且差距甚大。

第四，清代在官俸的管理上有一套具体、严密的制度，较之前代更为完备。清代京官的俸禄属吏部管理，八旗诸司的俸饷则划归户部执掌。在地方官员养廉银的支配方面，清政府规定直省正佐各官养廉，俱由司库支领，不得在属库自收自支，各官养廉，例应按季支放，嗣后无论大小等官，一概不准透支。其藩司自支养廉，并将支用日期，报明督抚存案。如有故违豫支者，该督抚即行参究追赔，如督抚徇隐不奏及自行滥支者，发觉一并治罪。另外，清政府还要求各省养廉银按年造册，咨送户部复销，若有并未造册咨送及虽有册籍而笼统开造者，即著勒定限期另造清册，送部查复。总之，清代有关俸给的规章条例繁多，如公费支用、银钱比价、文武百官调任、伤病、退休、撤任、请假、死亡处理等，皆有法可循，有明文可依，有现成条例可以对照参用，很难弄虚作假。

第五，清代的官俸除作为官吏职事上相当之报酬外，还被当作奖惩官吏的一种手段，与考绩制度、职官犯罪甚至皇帝的恩典相联系。清代考绩制度按照京察、大计的结果，对受考核的官员做出明确的奖赏处理规定：凡京察一等的称职官员和大计中的卓异官员，均给予举荐，并根据其政绩给予奖赏，一般说来，他们皆能够晋级加俸，其中政绩卓异者甚至可以晋升二级，其俸给自然随之增加二级了。另一方面，对于违法乱纪的官员，清政府则会视其程度给予惩戒。除革职外，还有两种处分：一是罚俸，有罚一月、二月、三月、六月、九月、一年和三年七等；二是降级留任，有降一级留任，降二级存任，降三级调任三等，但无论哪个等次，其俸给都相应地被扣除降级。

第六，晚清时期，清政府的官员俸禄制度开始与世界接轨，计划参照西方公务员的工资等级形式发放，以期做到高薪养廉。

总之，官员俸禄关系到官员们的衣食住行，影响到他们的工作热情与工作效率，更是影响到国家政治的清明与否，因此，官俸制度得到清政府的重视与调整，也就理所当然了。

第四章　科举制度之废除

一、科举制度的废除

科举是隋唐以来新兴的通过考试选拔官员的一种选官制度。

在中国历史上，科举制度既是一种极富创意的文官考试制度，又是一种颇具特色的社会整合机制。

科举制度前后施行了近1300年之久。这一制度曾经长期影响着帝制时期文官队伍的建设，影响着中国社会的政治文化面貌，影响着知识分子对于人生道路的选择以及他们的精神风貌和情感形态。

客观而言，隋唐至宋，通过科举入仕者并不占官僚队伍中的多数，据有学者统计，"唐代290年，共取进士6603人"[①]。大唐气韵雄厚，科举取士是其政治变化的一部分，但显然人数有限。科举对于国家官僚制度的影

[①]　袁行霈、严文明、张传玺、楼宇烈主编：《中华文明史》第3卷，北京大学出版社2006年版，第132页。

响，是随着取士人数的增多以及进士在高级官员中比重的逐渐上升而上升的。自唐代中期以后，科举选拔在官僚体系中才日益重要起来。正因为如此，通过科举选拔官员的原则，就成为国家政治趋向的根本性问题。而科举取士的过程，也满满地成为朝野内外关注的焦点。

科举制度曾在中国历史上起过非常积极的作用，除了为隋唐以降的历代政权贡献出一大批具有高度知识素养的官僚队伍兼优秀人才外，还促进了中国文化的繁荣，推动了中国社会文明的进步，给中华民族带来重视教育、崇文尚学的风气。正因为如此，历代都坚持"终古必无废科目之虞"①。然而，曾几何时，科举制度在清末却遭到了灭顶之灾。

科举制度在清末遭废除的原因何在？

客观地说，科举制度在清末遭到废除，有很多主客观的因素，但主要还是应该从当时的政治、历史、文化等角度来剖析其原因。

第一，政治上，科举制度一方面是中国古代高度中央集权政治的产物，另一方面又有力地促进了中央集权政治的不断强化。在此过程中，科举制度虽得到了长期延续，但也沦为历代君主牢笼志士、驱策英才的手段和巩固专制独裁统治的有力工具。就前者来说，"太宗皇帝真长策，赚得英雄尽白头"②。功名利禄的强大诱惑力，使神州大地成了科举赛场，士人把一生的成败荣辱全部都抵押在了这上面，寒窗苦读，老死不止。这样，传统王朝便可以借此达到驾驭士人、确保社会的稳定的目的。就后者而言，统治者通过严加控制考试内容和形式，试图用他们的意志来统一整个士人阶层的思想与主张，从而达到维护其统治的目的。

历史上，"经义试士始于王安石，而明初定为八股体式，尊其体曰代孔孟立言，严其格曰清真雅正，禁不得用秦汉以后之书，不得言秦汉以后

---

① 梁章钜：《浪迹丛谈》，福建人民出版社1983年版，第69页。
② 王定保：《唐摭言》第1卷，上海古籍出版社1978年版，第5页。

之事"。① 也就是说，从宋明开始，科举考试专取四书五经命题，又限定依朱熹等人的注释为准，还要求考生临场作文须模仿古人口气说话，如果题目用的是孔孟等人的字句，那就要代圣贤立言；如果是其他人的，也要设身处地，揣摩他们当时的口吻写作。不过，此时尚允许考生在八股文章末尾发表评论，阐述个人见解，叫作"大结"。

历史车轮进入到清代，中央集权统治发展到了高峰，文网更加严密，不许士人妄谈时政，于是清政府取消了八股文的大结。这使得那些以弋取科名为目的的士人"渐乃忘为经义，惟以声调为高歌；岂知圣言，几类俳优之曲本"②。他们"皆束书不观，争事帖括，至有通籍高第，而不知汉祖唐宗为何物者，更无论地球各国矣"③。因此，这些埋头故纸堆、钻研八股文章而不涉猎其他经世致用学问、不关注国内外形势的士人，一旦中式后便自然无法应对日新月异、千变万化的世界局势与国内政局，也提不出什么治国安邦的良策。但是他们"可以修史，可以衡文，可以临民，可以治河；到清朝之末，更可以办学校、开煤矿、练新军、造战舰……"④ 似乎是通才，无所不能，而其实他们"非惟不通古今，不切经济"，更"无能为国家扶危御侮者"⑤，所以，"相率为乡愿，咆咆蹈规矩，谨守三尺法，曰：'吾循资坐得升摧，不求有功，第求无过'"。⑥ 此时，纵然科举制度有利于加强中央集权，稳固清王朝的统治，却也埋下了晚清政府统治能力衰竭低下、行政作风因循怠废、官员大多不通世务的祸根，使清王朝在西方坚船利炮的轰击下，应对无策，风雨飘摇，岌岌可危。

为了图存，清政府就不得不去考虑改革科举制度重新制定选拔官员的

① 中国史学会主编：《戊戌变法》（二），上海人民出版社1957年版，第24页。
② 汤志钧编：《康有为政论集》上册，中华书局1981年版，第269页。
③ 中国史学会主编：《戊戌变法》（二），上海人民出版社1957年版，第24页。
④ 《鲁迅全集》第6卷，人民文学出版社1981年版，第363页。
⑤ 张之洞：《劝学篇》，中州古籍出版社1998年版，第137页。
⑥ 《清史列传》第63卷，中华书局1987年版，第5013页。

办法了。

第二，历史上，19世纪四五十年代，中国历史上破天荒地发生了两件大事。这两件大事，打破了清王朝二百年来的政治平衡，决定了此后中国百年历史发展的主旋律。

一件是西方列强全方位的侵略。在英国坚船利炮的叩门声中，中国开始沦为半殖民地半封建社会。鸦片战争的失败是清王朝皇权危机的前奏曲。鸦片战争后，清朝统治者误认为西方国家入侵中国是暂时的，他们在要求得到满足之后便不会再来，《南京条约》不过是暂时羁縻的一种政策而已，但事实证明远非如此，殖民主义者的欲望是永远不会得到满足的。咸丰十年（1860年），英法两国发动了侵略中国的第二次鸦片战争，清政府再次以失败而告终，被迫签订《天津条约》《北京条约》，规定中国向英法赔款，增开通商口岸，允许外国公使进驻北京并允许传教士到内地自由传教，等等。以此为开端，西方国家终于认识清楚，大清帝国原来已经成为不堪一击的一只纸老虎，于是，他们胆量顿生，欲望更大，不再有所顾忌，频频东来挑起事端，对中国权益的索求在不断增加。清统治者经过两次惨败的教训，对西方国家的看法也由蔑视变为恐惧，失败一个接着一个，除了满足西方列强无止境的要求外，清政府已经别无选择。自古以来至高无上的皇权，破天荒地受制于西方列强并开始出现了生存的危机。此后，伴随着外国公使的进驻、不平等贸易的往来、通商口岸的开放、传教士的到来，西方对于中国的诸多方面的影响在逐步扩大并不断深入。西方政治、经济、军事、文化、科技等终于成为中国人日渐关注的焦点。

另一件是太平天国的沉重打击。1851—1864年，洪秀全发动了中国历史上规模最大的一次农民起义。咸丰元年（1851年）金田起义后，洪秀全将矛头直接指向清朝最高统治者，公开向清王朝的政治权威发起挑战。咸丰三年（1853年）太平军攻克南京，改名金陵并定都于此。随后，太平天国建立了自己的一套从中央到地方的政权机构，颁布了一系列内政外交的政令，并派兵北伐、西征，继续扩大战果。这样，太平天国雄踞东南半壁江山，与清政权形成了南北对峙的局面。在太平天国的猛烈冲击下，清王朝的地方政权力量，尤其是清政府的军事力量受到了极大的摧残和削弱。太平天国基本上摧毁了清政府作为其军事支柱的八旗、绿营武装，使满洲贵族失去了控制国家武装力量的实际能力。除了依靠地方上的政治与军事力量，清政府已经难以再同太平天国进行有效的对抗与较量。

上述这两件大事共同改变了清帝国二百年来稳固的统治局面，打破了中央和地方的平衡关系，从此，传统的文官操纵政治的局面被迫开始让位于武人干政的舞台。这就是当时的真实国情。

地方军事化的膨胀以及军人地位的提高表明，继续走传统的科考功名道路，还是从实际出发，开辟军功起家之路，已经成为这个时代一切梦想有所作为的人们重新进行社会价值选择的一个分水岭。

毫无疑问，晚清社会剧变的结果，导致了社会重心逐渐向近代军人群体倾斜。这种情况，从根本上破坏了原有政治与社会秩序的运转机制。社会结构的裂变所导致的士绅与兵的地位变动，使晚清失衡的政治和社会秩序不得不进行一种必要的调整，从而要求人们的价值观重新进行定位。

历史表明，晚清社会发生变动一个重大趋势是科举制度的衰亡和从军行伍的人数的兴盛，传统的科举做官之路开始逐渐让位给军功致仕之路。

鸦片战争以后，欧风美雨对中国社会产生了巨大影响，科举制所维系的社会价值观念与传统的统治秩序面临着前所未有的危机。特别是自湘军、淮军、北洋军崛起，大批军功入仕者纷纷通过行伍途径进踞军政要津之后，科举与行伍的消长之势便一发而不可收拾。

第三，文化上，自科举诞生之日起，科举制度就是统治者选拔人才的重要渠道。唐太宗就曾为此得意地说："天下英雄，入吾彀中矣！"然而，隋唐尚能以经世之学来选拔士人。宋代以后，统治者转而以儒家经典及后人的注疏为考试内容，希望借助科举制度来统一思想，钳制言论，实现天下一统、集权专制的统治策略。在这样的指导思想下，天下士人角逐于科场，唯有熟读儒家经典，才能获得功名地位，出人头地。在这种情况下，儒家学说自然广受欢迎，风靡全国，成为士人立言立行立功立德的普遍准绳，而其他学说和流派却遭到统治者的冷遇，逐渐衰落下去。于是，宋代以后，儒学在中国文化体系中的地位迅速飙升，一枝独秀。统治阶级终于凭借科举制度，用儒学统一了中国文化，真正实现了西汉以来"罢黜百家，独尊儒术"的大一统文化与政治目的。

不过，儒学定于一尊虽然可以统一全国精英士子思想，达到维护中央集权的统治需要，但同时却也排斥了其他文化，尽扫百家争鸣、百花齐放之包容气象，使中国失去了多元文化相互竞争相互促进的文化机制，从而导致知识分子与在任官员泯灭了探索精神和创新意识，政治眼光及治理能力日益落在了西方国家后面。

16世纪英国资产阶级革命以后，以科学技术为前驱的文化潮流逐渐成了世界形势发展的主流。特别是英国工业革命后，现代化已经无可逆转地成为世界发展的潮流。可到"嘉庆道光年间，西洋的科学基础已经打好了，而我们的祖先还在那里作八股文，讲阴阳五行"[①]。这样，在东西方交流与竞争的过程中，中国只能处于下风，只能屡屡以失败告终。"中国之割地败兵也，非他为之，而八股致之也"，"昔人谓八股之害甚于焚书坑儒，实非过激之言也"[②]。八股考试首当其冲，被一些积极救世的官员视作罪魁祸首，成为众矢之的。于是，在朝廷上下一片非议声中，清政府被迫将科举制度的改革提上了议事日程。

早在甲午战后，鉴于世变日亟，有志之士即"谓八股与中国不两立"，咸议罢之。戊戌维新期间，这个机会终于来了，作为当事人的梁启超绘声绘色地记述了废八股这一"维新第一大事"出笼的全过程：

康有为及御史杨深秀，于三月时曾上书请废之，为许应骙所驳，遂不

---

① 蒋廷黻：《中国近代史》，上海古籍出版社1999年版，第2页。

② 中国史学会主编：《戊戌变法》（二），上海人民出版社1957年版，第211页。

行。四月初旬，梁启超复联合举人百余人连署上书请废之，格不达。至康有为、张元济召见，皆力陈其害，康至谓辽台之割，二百兆之偿，琉球、安南、缅甸之弃，轮船、铁路、矿务、商务之输与人，国之弱，民之贫，皆由八股害之，皇上喟然曰："西人皆曰为有用之学，我民独曰为无用之学。"康即请曰："皇上知其无用，能废之乎？"上曰："可也。"于是康退朝告宋伯鲁使抗疏再言之，康亦自上一书。疏既上，上命军机大臣立拟此旨，刚毅谓此乃祖制，不可轻废，请下部议。上曰："部臣据旧例以议新政，惟有驳之而已，吾意已决，何议为！"诏遂下。①

然而，随着戊戌政变的很快发生，光绪皇帝改革科举制度的举措除建立京师大学堂外，其余均未能付诸实施。

可是造化弄人，仅仅过了不到3年，有关科举制度的改革又成为朝廷上下关注的热点话题。光绪二十七年（1901年），清廷下诏变法，要求京内外大臣各举所知，各抒己见，提出具体改革方案。在许多应诏而议变法的奏折里，都涉及改革科举的问题。如直隶总督袁世凯就主张逐渐递减旧科中额，另增实学一科，最终以实科取代旧科，达到废除科举制度的目的。②而湖广总督张之洞、两江总督刘坤一也表达了类似的主张，在著名的《江楚会奏变法三折》中，他们提出略改科举旧章，令与学堂并行不悖，等到学堂培养的人才渐多，再按科递减科举取士之额为学堂取士之额，最终用学堂取代科举③。同年，清廷主动下诏废除八股，改试策论，并永远停止武科。事隔三年，梁启超所谓的"维新第一大事"终于大功告成。他认为这可以"去千年愚民之弊"，因为八股既废，"数千万之士人，皆不得不舍其兔园册子帖括讲章，而争讲万国之故及各种新学"，"耳目既

① 中国史学会主编：《戊戌变法》（二），上海人民出版社1957年版，第25页。
② 廖一中、罗真容整理：《袁世凯奏议》（上），天津古籍出版社1987年版，第271页。
③ 沈桐生辑：《光绪政要》第27卷，江苏广陵古籍刻印社1991年影印本，第1615页。

开，民智骤进，自有不甘于谬陋者"①。

然而，袁世凯、张之洞等却发现废去八股试帖后，仍有人可以不事新式学问，通过耍小聪明，"或泛览翻译之新书，或涉猎远近之报纸"，而侈口谈经济，挟策以干功名，不仅没能起到天下移风、选拔人才的作用，反而做了恶劣的示范作用，误导士人"群相率为剽窃钞袭之学，而不肯身入学堂"。同时，他们也看到朝廷虽屡颁明诏普立新式学堂，但各省大率观望迁延，否则敷衍塞责，或因循而未立，或立矣而未备。鉴于以上情况，他们认为科举有碍学校的推广，乃于光绪二十九年（1903年）奏请渐行罢废科举，"俟万寿恩科举行后，将各项考试取中之额，预计均分，按年递减"，"即以科场递减之额，酌量移作学堂取中之额，俾天下士子，舍学堂一途，别无进身之阶"②。但他们的建议遭到部分政务处大臣的反对，尤其王文韶态度强硬，无论张之洞怎么做工作，始终不同意。

光绪三十一年（1905年），日俄战争在中国东北领土上打响，国际国内形势大变，强烈的屈辱感刺激着朝野君臣上下，使更多的人认识到进一步改革科举制度的紧迫性，恰在此时，王文韶因身体原因离开军机处。于是，张之洞又与袁世凯等人抓住机会，商议联合奏请，立停科举。这样，光绪三十一年（1905年），袁世凯会同张之洞、端方等地方督抚奏请立停科举，广兴学堂，否则"科举一日不停，士人皆有侥幸得第之心，以分其砥砺实修之志。民间更相率观望，私立学堂者绝少，非公家财力所能普及，学堂决无大兴之望"。这一奏折得到清廷的允准，当即宣布"自丙午科为始，所有乡、会试一律停止，各省岁科考试，亦即停止"③。至此，在中国实行近1300年的科举制度终于被废除了。

---

① 中国史学会主编：《戊戌变法》（二），上海人民出版社1957年版，第25页。
② 朱寿朋编：《光绪朝东华录》，中华书局1984年版，总第4998、4999页。
③ 朱寿朋编：《光绪朝东华录》，中华书局1984年版，总第5390、5392页。

二、废科举引发新的社会危机

光绪三十一年（1905年）科举制度的废除，使它所承担的社会整合功能也随之丧失，从而给清末社会及政治的稳定造成了严重的后果。有鉴于此，朝野内外不断有人提议恢复科举，连一度坚决主张废除科举制度的梁启超也公然表示了这种看法。此种现象颇堪玩味，发人深思。它说明一种传统制度能够长期存在，便具有一定的合理性，如果要实行制度创新，就要事先做好长期足够充分的准备工作，否则旧的选官制度废除了，而新的替代制度却不成熟，那势必会事与愿违，引起社会动荡，反而欲速则不达，引发更大的社会震动与政治风波。

光绪三十一年（1905年），清政府宣告废除科举制度。在中国历史上，这是一件重大事件。

儒学作为国家考试选拔人才制度的废除，可谓是中国新旧时代的一个分水岭。从此之后，中国人的价值观念迅速地、彻底地、全面地发生了改变，与传统文化的距离越拉越大。

因为放在中国古代的历史上考察，应该说科举制还是一个很不错的制度。它打破了社会、阶级之间不可跨越的鸿沟，至少在形式上为全国臣民提供了一个相对公平的竞争平台，通过这条"开放"的路径，平民子弟通过寒窗苦读，也有可能跻身上流社会。历史上，许多穷苦人家的子弟通过刻苦读书，成为进士、举人，进而为官进入社会高层的不在少数。无论这条路有多么窄，行走有多么艰难，仅凭这一点，都应该为它谱上一曲历史的赞歌。

另一方面，它的消极之处也是明显的：

第一，它把读书人紧紧系于仕途。上面已经说过，在科举指挥棒的引导之下，读书人不再只是一般意义上的文人，而是成了官僚阶层的预备队。对他们中的大多数人来说，学问不过是进入仕途的敲门砖，读书不过是进入官场的手段，其目的还是为了做官，或者是"修身齐家治国平天下"。所以，读书人的思想和行为都要符合朝廷的意识形态要求以及适合于官场的规范，从而养成了科考求仕者对官场和儒学经典的双重依附。

第二，作为一种选拔人才的制度，科举考试的内容和形式严重限制了人们思想的活力。如果说，隋唐时期的科举考试科目门类还算齐全、设计还算比较科学的话，那么，到明朝经过朱元璋的改革后，考试内容只不过剩下了一些四书五经之类的对于现实社会治理用处不大的部分。至于科举制度的选拔经世致用人才的功能，则已经看不到实际的作用了。

光绪三十一年（1905年），面对日益严重的民族危机，张之洞、袁世凯等深感逐步废除科举的方案为时已晚，因而强烈要求立即停止科举考试。经过深思熟虑，清政府最终接受了他们的意见，宣布所有乡试、会试、岁试和科试一律停止。这样，在中国历史上已经存活了近1300年的科举制度终于寿终正寝。

科举制度的废除对现代知识分子的成长和对国家的重建可谓是意义重大。

首先，它切断了读书人与"八股—儒学经典—国家体制"之间的必然联系，使读书人的前途不再完全系于死读经书和皓首穷经于科场上面。当然，一些读书人的确为此后的道路感到茫然，为十年寒窗的奋斗目标突然消失而痛苦万分。但是，失落和痛苦也伴随着某种东西的解放。他们不必再进行八股文的训练，不必再死守儒学经典，不必再为生存而拥挤于科举制度这座狭窄的独木桥上。

其次，它改变了中国教育状况，使中国教育开始向现代转化。在科举时代，即使是"私塾"，也只是具有一个私人性的办学形式，而教学内容却是国家制度早已经指定好的。四书五经是固定的教材，教师的讲解不能离经叛道，因而不可能通过教学培养独立的人格和自由的思想。科举制度废除之后，情形就不同了。学校的培养目标不再只是官员预备队，而是社会亟需的各方面人才；教学内容自然不再只是四书五经，而是包括了来自西方的许多学科。办学堂以西方教育为榜样，而西方的教育是独立的，教学内容与形式丰富而自由。中国的学堂虽然不可能一下子获得这种独立与自由，但它毕竟已经不同于以往的传统科举制度，因而使教育者在某种程度上获得了独立创造、发挥和传播新知识的空间，国民的认知价值也重新根据时代的变化进行定位。

然而，废除科举制度，对清王朝的统治者来说，却不是一件好事情。对于面临严重统治危机的清政府而言，不啻是雪上加霜之举。结果非常明显，科举制度的废除，破坏了国家吸收和垄断精英士子的正常渠道，造成了人才资源的大面积流失和国家权力对读书人的失控。大批士绅知识分子突然失去了通过科举制度取得功名的指望，多年奋斗的道路被突然打断，一时又找不出别的出路，摆在他们面前的又是一条时髦但却非常陌生的新道路，因而，他们对现实政治产生了严重不满。从这个意义上说，科举制的废除不仅使清王朝失掉了本来的支持者，还把这个传统知识群体转化成了社会的不安定因素。

另一方面，科举制度废除后，旧的人才选拔制度虽然可以在一夜中取消，然而新的选拔制度却又无法在短时间内相应地建立起来，办理新式学堂的条件远远不会因为单独废除科举制度而相应地自然成熟。价值观念、师资、教材、经费、校舍、毕业出路等问题都难以在短期内得到彻底的解决。事实说明，废除科举制度是一柄双刃的利剑，它给清王朝统治带来的弊端，很快就显示了出来。

清末的历史也正是这样发展的，在科举废除、新式学堂开办之后，不但旧式的读书人找不到出路，而且新式读书人也在迅速增加，他们同样面临着严重的就业压力。大都市充满了因无法就业而深感前途渺茫的新旧知识分子。他们处于政治游离状态，社会、经济地位很不稳定，前途渺茫，心理失落，因而对于现政府的不满情绪在急速蹿升。在这个基础上，革命与反政府的情绪很容易在这个人群中蔓延开来。

不仅如此，随着清末新政期间集会、结社、言论自由的日益扩大，追求自由、民主的公开或秘密的团体如雨后春笋般出现，清王朝统治者仍然试图加强控制，结果不仅无效，相反加剧了与精英士人之间的矛盾。知识精英的社会心理挫折，不断聚集成为反对现行体制的一股强大力量。旧式知识分子对当政者的怨恨达到一定程度，便是这个专制王朝崩溃之时。清政府本打算循序渐进地废除科举制度的，可是，由于时局的变幻与疆吏的鼓噪，迫使它于1905年提前予以停罢科举。"终止科举制度的行动，斩断了两千多年来经过许多步骤而加强起来的社会整合制度的根基。这个行动逐渐呈现出来的事与愿违的后果，远比推行这一改革的士大夫在1905年所明显预见到的那些后果来得严重"①。

三、得失之小结

自隋唐以来，科举制度在中国历史上长期存在，显示出了强大的生命力。因而，当它被废除后，仍然有不少官员表示惋惜，甚至提议给予恢复。这表明科举制度虽有明显缺陷，但绝非近世很多人所贬斥的那样毫无价值可言，而是具有一定的合理性，因为它符合了中国古代的国情，是国家选拔官僚制度的基本需要。

第一，科举制度打破了魏晋南北朝以来世家大族对政治权力的垄断，为广大庶民子弟的出仕提供了一条路径。在中国，王位以下的一切政治职位，理论上全部向每一位臣民开放。任何读书人不论其出身、地位、财产如何，原则上均可自由报名投考，无需他人推荐。这种选拔方式不仅扩大了选才范围，而且还具有一定程度的开放性、平等性和公正性。它避免了汉魏以来举荐制下以门第大阀阅取人或因举主个人问题而埋没人才的弊

---

① ［美］吉尔伯特·罗兹曼主编：《中国的现代化》，江苏人民出版社1988年版，第336页。

端，大体上做到了野无遗贤，这是中国古代政治社会中人才流动性程度最高的一个真实的标志。正是因为这种考试选拔制度，才得以保证了社会上下层间的频繁对流，既保证了传统王朝官僚机器的正常运转，又维护了君权对传统社会的有效控制，同时吸引着广大士人对于国家的忠诚，确实在一定程度上达到了统治者致力维护中国传统社会长期稳定的目的。

第二，科举制度通过考试选拔人才，录取与否完全取决于考试成绩，折射出一种平等竞争的精神，有利于国家公正公平地选拔人才。在科举制度下，历代统治者都十分重视考试的公平竞争原则。这主要体现在：（1）实施分地而取办法，合理分配各地的名额。（2）禁止官僚享有特权，维护平民子弟的应试权力。规定考生中凡与考官有族人、亲戚关系者，考试时必须回避，实行别头试，即另置考场单独考试。（3）加强考试管理，防范舞弊。事实上，历代统治者都视防弊为要政，颁布了一系列整肃考纪考风的法规。如禁止冒籍应考，实行互保连坐制、搜检夹带、锁院、巡察，以及弥封、誊录、磨勘、复试等，这些考试法规随着科举制度的进行，日益完善，逐渐形成一套细密而严明的考试规程，对严格考试管理、惩戒舞弊起了积极作用。

第三，科举制度以文取人不仅有助于建立一个明确划一的衡量和录用标准，使取士易于把握、更加规范化，而且能够做到"学而优则仕"，让在考试中脱颖而出的士子得以跻身于统治阶级的行列。虽然熟悉儒家经典与能否胜任官职之间并无必然的联系，但由于中国古书包括各方面的知识，例如历史、哲学、文学、政治、经济、政府制度、军事、外交等，形成了一个比较封闭且运用自如的小宇宙，因此，饱读圣贤书的举子恰恰具备了广泛的知识基础，足以应付近代以前的行政职责，从而达到致治的目的。

第四，科举制度把学校、考试和授职连成一体，促进了学校教育的发展和普及，同时也使各级官员的选拔更加合理。读书人通过系统学习，参加国家统一组织的一级级考试。落第的继续学习，准备下届考试；而最终的中试者也可以取得做官的资格。在科举制度下，就学、科考、职考三者一环扣一环，紧密地结合在一起，不仅使官吏的选拔更加严密化、规范化，而且也使古代的教育得到了很好的推广、普及。这就难怪清末清政府由于未事先做好充分准备，确立新的替代体制，就贸然停废科举，乃至招致了前述一系列严重后果，使良好的愿望落了空。

综上可见，科举制度满足了中国古代统治者的治国理政需要，又获得了广泛的社会支持，所以能够在中国历史上长期存在。到清末，科举制度虽遭废除、退出了历史舞台，但考试这种选才方式仍然沿袭下来，迄今尚在使用。就此而言，进一步深入研究科举制度，汲取宝贵的历史经验教训，对健全和完善我们今天的考试制度无疑是有益的。[①]

另一方面，我们也应该看到，科举制度的废除，对于清王朝的政治命运的影响是巨大的。

首先，统治者愿望虽好，但却缺乏必要的执行能力。经费与师资缺乏，新式学堂推广不力，新式教育缺乏普及性。

其次，统治者虽然知道废除科举制度的必要性，但却缺乏建立新式教育的眼光、格局以及必要的系统的新式教育课程等，唯讲求"中体西用"，照搬照抄，生吞活剥。

再次，科举制度废除后，士心涣散，惶惶不可终日。各省数万人的举贡、数十万生员顿时失去了进身之阶与谋生的手段。因此这一阶层大多铤而走险，与民间会党及反政府宗教力量结合起来，成为威胁清王朝统治的不安分力量之一。

最后，废除科举，旧的选官制度取消了，僵化的清政府却并未能建立新的相应文官选拔制度，这就造成用人无标准，为官没有资格限制，于是，讨官跑官、任人唯亲、植党营私等弊端随之而来，进而造成清末政治更加腐败。废除科举制度成为导致清王朝覆灭的重要原因之一。

---

① 李志茗著：《大变局下的晚清政治》，上海古籍出版社2009年版，第100、110—113页。

第五章　利益集团的崛起

一、北洋系的崛起

甲午战后，淮军基本上退出了国家的军事政治生活。这给清政府加强中央集权、重新调整中央和地方的关系、改善自太平天国以来形成的外重内轻的状况，提供了契机。但是，清政府重建国家军事力量的结果，未能达到自己的目的，相反，却导致了另外一个新的利益集团——北洋集团的产生，这是甲午战后中央和地方关系变化中的一个新特点。

（一）始于甲午战后的中央集权

北洋集团是甲午战后清政府企图加强中央集权、从李鸿章等地方实力派手中收回军事权力的产物。

前面说过，清朝前、中期，清王朝一直保持着高度的中央集权。清廷小心翼翼，始终采取许多防范措施，将军事、人事、财经等方面大权直接操纵于中央，不让地方督抚拥有很大的权力。19世纪五六十年代，外有英法等国列强的不断侵略，内有太平天国战争的猛烈冲击，再加上清王朝的经制之师八旗、绿营的腐朽不堪，清政府已经丧失了应付内外危机的能力。为了生存的需要，以太平天国为契机，清政府开始下放一部分军政权力到地方。地方督抚则乘战争之便，取得了创建和统帅军队、拥有地方财政及官吏任免等大权，自此，中央集权的定格被打破。先后兴起的湘、淮集团不仅攫取了中央在地方的一部分权力，而且还逐渐演变成为清王朝赖以维持统治的支柱。对此，清廷既无可奈何，同时又极不放心，重建自己的军事支柱，夺回流失到地方上的权力就成为清末中央政府的一项首要急务。

1894—1895年的中日甲午战争，李鸿章苦心经营20年的淮军，在与日军的决战中，陆路溃败、丧师失地，一溃千里；海军则全军覆灭。这个事件，给中国近代社会带来了划时代的影响，也给中央和地方关系的重新调整创造了新的机会。甲午战争后期，清廷决心编练自己的军事力量，企图恢复太平天国前的政治局面。为此，清政府成立了以荣禄为中心的"督办军务处"，试图编练中央控制下的新军以取代地方的勇营，重建中央集权的军事支柱，这是从地方实力派手中夺回从太平天国时期起流失到地方督抚手中的军事大权的一种努力和尝试。

光绪二十年（1894年）十月，清政府设立督办军务处。以恭亲王奕訢为督办，庆亲王奕劻为帮办，户部尚书翁同龢、礼部尚书李鸿藻、步兵统领荣禄、右翼总兵礼部左侍郎长麟会同商办，而袁世凯亦调在督办军务处差委。其中奕訢、奕劻是皇族，素不知兵；翁同龢、李鸿藻是文人，本无军事知识和经验，长麟亦无什么表现。唯荣禄自以为将门之子，雄心勃勃，且深得慈禧太后的信任。所以督办军务处的实权，实在荣禄之手。"这次要旨，是想培植一个像汉人军阀一样的能控制整个大局的满洲亲贵。结果承继李鸿章军阀的，不是满洲亲贵而是袁世凯。"[1]清政府这场旨在从

---

[1]　张国淦著：《北洋军阀的起源》，杜春和、林斌生、丘权政编：《北洋军阀史料选辑》（上），中国社会科学出版社1981年版，第14页。

汉人地方实力派手中收回兵柄的措施"正是袁世凯绝大幸运的照临，也就是北洋军阀基础确定的第一步"[1]。

由于荣禄深受慈禧太后的赏识，而且对于军事素具雄心，"欲借机培养自己实力"，袁世凯便趋承意旨，代为谋划。因之"世凯之得在小站练兵，完全由于荣禄所提挈"[2]。值得注意的是，在派袁世凯督练新军的同时，王大臣又委派满族道员荫昌挑选八旗精壮子弟附入天津武备学堂"预储他日将才之用"。清廷此举，意味深长。编练新军，本来就是想扶植一个能像李鸿章那样的能够控制整个大局的满族亲贵，但是遍观朝野，能担此重任者无人。因此，清廷一面让袁世凯练兵，一面让满人少壮亲贵荫昌选将，"实与袁世凯督练陆军互相表里。且同在天津，相距不过数十里"[3]，既可起到监视袁的效果，又可随时将新建陆军抓到自己的手中。清廷这番用心可谓巧妙之至了。但是，一方面由于袁世凯对荣禄曾极下工夫，博得了荣禄的赏识和信任；另一方面更重要的是，荣禄为人工心计、善权谋，他认识到要想培养出满洲贵族自己的新的军事力量，加强中央集权，只有先笼络、利用像袁世凯这样有才能无根基的汉族官僚才有可能，加之他在奉旨查办袁世凯问题赴小站后，亲见新建陆军军容严整，装备精良，早存俟新军练成便揽为己有之心，因而极力保袁。袁世凯在荣禄的知遇和庇护下，不仅能在天津小站顺利地建立起自己的最初集团班底，而且还于光绪二十三年（1897年）被擢升为直隶按察使，光绪二十四年（1898年），又由于投机维新运动而得到一个候补侍郎的头衔。在多次风潮中，袁世凯都是借了荣禄之力，才避过了朝中亲贵的冲击。因而，袁世凯也就更加依附荣禄。戊戌政变后，袁世凯揣摩透清廷的心思，立即向荣禄献策，以京

---

[1]　李剑农著：《戊戌以后三十年中国政治史》，中华书局1965年版，第34页。

[2]　张国淦著：《北洋军阀的起源》，杜春和、林斌生、丘权政编：《北洋军阀史料选辑》（上），中国社会科学出版社1981年版，第13页。

[3]　沈祖宪、吴闿生：《容庵弟子记》卷二，来新夏编：《北洋军阀》（五），上海人民出版社1993年版，第35页。

畿地区五大军合编为武卫全军："以宋庆为武卫左军，以袁世凯为武卫右军，以聂士成为武卫前军，以董福祥为武卫后军，其中军则荣相自领之，兼总统武卫全军。"[1]袁世凯主动将自己的新建陆军并入武卫军，应该说是他下得很高明的一步棋。因为这样做既可摆脱袁世凯孤立无援的局面以避风险，又可得到荣禄的翼护，巩固自己的地位，尤可以满足清廷"集权中央"，"将主帅统辖的权力付与满人"[2]的做法。果然，袁世凯的做法使得荣禄大为称心，荣禄"乐其推戴，且可弋取统属文武之名也，德项城甚，有相逢恨晚之感"[3]。不久他就又保袁世凯升为工部右侍郎兼管钱法堂事务，仍令之专统率武卫右军，所部增至 1 万人。

（二）袁世凯抚东是北洋集团发展的一个新起点

光绪二十五年（1899年），山东爆发了反对洋教为主旨的义和团运动。由于山东巡抚毓贤没有能力处理好这个事件。结果，义和团运动在山东境内迅速燃成了燎原之势。面对山东境内的动荡局势，袁世凯多次向荣禄陈述自己的看法和解决山东问题的意见。荣禄认为袁世凯不仅是自己的人，而且有魄力，是一个解决棘手问题的能手，因此他竭力保荐袁世凯到山东去任巡抚一职。于是，清廷发布了派袁世凯接替毓贤，署理山东巡抚的上谕，令袁世凯率领其新建的军队到达济南以挽救危机。

对于袁世凯和北洋集团来说，光绪二十五年（1899年），是一个重要的转折点。这是因为：（1）在此之前，袁氏仅仅是一个军人，北洋集团也仅仅是一个刚刚初具雏形的军事团体。这之后，袁成为一个封疆大吏，北

---

[1] 《小站练兵缘起》，《凌霄一士随笔》（三），山西古籍出版社1997年版，第1032页。

[2] 张国淦：《北洋军阀的起源》，杜春和、林斌生、丘权政编：《北洋军阀史料选辑》（上），中国社会科学出版社1981年版，第27页。

[3] 《小站练兵缘起》，《凌霄一士随笔》（三），山西古籍出版社1997年版，第1032页。

洋集团也由一个军事团体开始发展成为一个军事政治团体。在此之前，北洋集团仅仅局限于小站一隅，之后则成为山东一省的主人，有了一块不小的地盘和势力范围，这对于北洋集团的发展来说是非常重要的。（2）袁世凯及其所属军队开赴山东，直接使刚刚成形的北洋军事集团在不久发生的庚子事变中躲过了一场危及本集团生存和发展的噩运。庚子年八国联军向中国开战，首当其冲便是天津与直隶。此时袁世凯及所部如果还在天津小站，那么袁世凯如果不与洋人开战，就是奉旨不遵，官运不但没了，就是脑袋能不能保得住还是个问题；如果奉慈禧太后之命与联军开战，则不但胜利没有把握，就是好不容易积攒下来的一点政治本钱也会在这场战争中损耗殆尽。况且即使自己没有战死，辛丑议和后自己还不是充当清廷一个替罪羊而被押上断头台吗？由此看来，袁世凯能于光绪二十五年（1899年）督抚山东，不仅是北洋集团开始发展的一步，更使这一集团躲过了一场即将到来的灭顶灾祸。从这一点上说，袁世凯及其北洋集团是多么幸运了。李剑农在评价这一事件对袁世凯及北洋集团的发展影响时说："庚子五月二十一日，袁曾奉旨调新建陆军入都，这是袁与北洋军阀存亡的一个大关头。慈禧太后的意思，是要他入京帮助义民的；荣禄的意思，或者是要他去解散义民，或者是要他去保驾，不甚明了；东南各督抚，也有主张'袁慰帅即由山东提兵由保定进京，以清君侧、护两宫为要义'的；但是袁将所部军队一部分开到直、鲁接境各处，却不前进了。假使袁果提兵北上，一定是那些义民的大敌；联军到了，恐怕也不认得他罢!他还是打义民呢？还是打联军呢？所以他带兵出抚山东，与此次顿兵不进，又是幸运照临他的一点。"[①] 蒋方震在《中国五十年来军事变迁史》中也认为："光绪二十五年，荣禄练武卫军，以聂士成、马玉昆、董福祥、袁世凯为前后左右四军，拳匪之乱，聂军死于难……董福祥以附拳乱被黜；马犹保其地位，然无地盘；独袁世凯率其军以入山东，不惟免于难，且因

---

① 李剑农著：《戊戌以后三十年中国政治史》，中华书局1965年版，第36页。

之成大功焉。"① 单就袁世凯及其北洋集团的发展存亡角度讲，李、蒋二氏的看法都是正确的。正因为袁世凯及其团体及时离开了当时政局的是非之地天津，才使他能够从容地应变如此复杂的局势，并轻易地摆脱这个两难境地，做到对慈禧太后与列强两边都不得罪，从而为日后他的官星高升与北洋集团的发展在万难境地中争取到了一个广阔的生存与发展的空间。

袁世凯抚东后，在山东起用了大批文武官员。这些官员对于扩大袁氏的半私人性质的武装和官僚团体，相互调补，关系密切，迅速成为北洋集团发展的新动力。

山东时期，北洋集团开始发展成为一个军事政治团体。

在小站时期，北洋集团虽然形成了自己的核心班底，但它还主要是一个军事团体。到了山东以后，袁世凯的官做大了，地位上升了，也有了发展自己势力的固定地盘和可以自由操纵的财权，这样他就在此基础上开始广揽人才，招兵买马。除了将山东原有的旧军加以裁汰、整编成为自己的武卫右军先锋队外，他还大开幕府，招揽省内外各种洋务人才，将山东各地原有的官僚加以裁汰、重整，纳入自己的势力范围之下，这样，北洋集团就从此发展成为一个军事、官僚二者相结合的团体，成为一个继李鸿章淮系势力衰败之后重新崛起的一个新的军事政治集团。山东时期是北洋集团迅速发展并取得列强瞩目与接受的阶段，也是成为清中央政府愈来愈倚为柱石的时期。

（三）武卫右军护卫京畿标志着北洋集团的崛起

经过庚子之役，除了袁世凯的武卫右军外，原属中央统辖的其他各军

① 蒋方震：《中国五十年来军事变迁史》，来新夏主编：《北洋军阀》（一），上海人民出版社1988年版，第1047页。

基本上已经"溃败不能成军"[1]。庚子之役后，护卫京畿、保卫朝廷的任务已不可避免地落到了在战争中未伤毫毛的袁世凯掌握的军事力量上面。

为了将庚子战后中国仅剩下的两支军队收归己有，光绪二十七年（1901年）七月初二日，清廷谕令："江南自强一军，著刘坤一饬调前往山东，交袁世凯酌量分布督饬训练，务成劲旅。"[2]清廷此举，用意深远。甲午战后，清廷好不容易经营起来的武卫军，都在与八国联军的战斗中损失殆尽，只有袁世凯训练的武卫右军与张之洞建立的江南自强军因没有参战而完好无损地保存了下来。因此，夺取并扩展这两支新式军队就成为清廷在新政期间收回兵权的第一着棋。但是，老于世故的慈禧太后，知道外重内轻之势已成，并不直接去剥夺张之洞、刘坤一的东南督抚的兵权，而是不着痕迹地把自强军的兵权交与山东巡抚袁世凯，美其名曰："江南自强一军，素练洋操，本系备调之队，现在山东武卫右军调派三千人赴京弹压地方，该省未免空虚。"[3]因为此任务如此重要，才要调派这支军队。这样做不仅脱去了清廷急于剥夺东南督抚兵权的嫌疑，而且，不久调袁世凯为直隶总督后，这两支当时中国最强的军队就自然而然地随袁承担起了护卫清廷的任务，成为清朝中央政府的主要军事支柱。

事实表明，北洋集团是甲午战后清政府企图收回散落在地方的军事权力、努力集权中央的产物，因而清廷一开始就力图加强对这支新式军队的控制，并且准备时刻收归己有。至于这支军队成为袁氏建立自己私人集团的基本，袁世凯以此为资本迅速发展成为一个新的地方实力派，这则是清廷与荣禄在组建新建陆军时都未能估计到的。

---

[1] 张国淦著：《北洋军阀的起源》，杜春和、林斌生、丘权政编：《北洋军阀史料选辑》（上），中国社会科学出版社1981年版，第28页。

[2] 廖一中、罗真容整理：《袁世凯奏议》（上），天津古籍出版社1987年版，第293页。

[3] 来新夏主编：《北洋军阀》（一），上海人民出版社1988年版，第349页。

（四）北洋集团在新政时期的扩张

义和团运动之后，清王朝在政治、经济、军事等各方面的衰败已无可掩饰地暴露了出来。清政府为了保住自己的统治地位，转移民众斗争的视线，强化封建国家的统治机器，取得民众的继续信赖，不得不实行国策的转移，举办一些改革，以此来维护其摇摇欲坠的统治，努力从事王朝的自救。

光绪二十七年（1901年），清政府颁布了筹办新政的上谕，四月成立了推行新政的主持机关——督办政务处，并陆续颁布了一系列关于新政的法令。对于这次新政，朝野大臣鉴于戊戌变法的教训，大都表现得不太积极。然而，北洋集团首领袁世凯敏锐地察觉到，王朝衰微，人民民主运动日益高涨，如不谋求新的对策，很难再继续维持其固有的统治，只有抓住时机，努力推进各方面的革新，才是摄取更大权力的最佳办法。正因为这样，袁世凯不仅在山东时期就积极联络当时负有声望的地方督抚刘坤一、张之洞等人努力促成清政府举办新政，而且在整个新政期间，他还以"急进改革者"的面孔出现，不仅为推行新政出谋划策，并且身体力行，卓有成效。

编练新军创建北洋六镇，是清末新政的重要内容，也是以袁世凯为首的北洋集团最热衷的事情。由于袁世凯在镇压义和团和庚子事变中的"良好"表现，受到列强的赏识和慈禧太后的信赖，光绪二十七年（1901年）十一月，他被任命为直隶总督兼北洋大臣。袁世凯抓住新政这一机会，竭尽全力训练和扩充军队。光绪二十八年（1902年），袁世凯兼任了参预新政大臣、练兵大臣，负责办理新政，这就为他扩军提供了有利的条件。

光绪二十七年十二月二十四日（1902年2月2日），袁世凯向清政府上奏说："直隶幅员辽阔，又值兵燹以后，伏莽未靖，门户洞开，亟须简练师徒，方足以销萌固圉。""惟入手之初，必须先募精壮，赶速操练，分布填扎，然后依次汰去冗弱，始可兼顾，而免空虚。现拟在顺直善后赈捐结存项下，拨款一百万两，作为募练新军之需。"①清政府批准了他的要求。于是，袁世凯立即派王英楷、王士珍等人分别到直隶的正定、大名、广平、顺德、赵州、深州、冀州等地，精选壮丁6000人，集中在保定进行训练。这支军队被称为"新练军"。不久，袁世凯在这支军队的基础上又增募了两个营，同时又续添充马队、炮队各一标，工程队、辎重队各一营，这样新编成了北洋常备军左镇。此镇后改称为北洋常备军第一镇，驻永平府迁安县。光绪三十年（1904年），日本与俄国为宰割中国东北地区发生了尖锐冲突，日俄在中国东北地区进行战争已经不可避免。袁世凯认为，这是他继续扩充军队的又一次大好机会，于是他又上奏说，日俄"两大拘兵，逼处堂奥，变幻叵测，亦不得不预筹地步。畿辅为根本重地，防范尤须稳固"。又说："如欲慎固封守计，非十数万人不克周密。"②同年，袁世凯以原北洋新军为基础，进行裁改归并，又派人到河南、山东、安徽等地招募新兵，练成有步队、马队、炮队的北洋常备军右镇。此镇后改称为北洋常备军第二镇，驻马厂。同年，他又从北方几省招募新兵，编成北洋常备军第三镇，开始驻保定，后来驻扎在山海关至奉天一带。光绪三十一年（1905年），袁世凯经练兵处奏准，将驻北京的武卫右军和自强军编成北洋常备军第四镇，驻扎南苑、海淀一带。同时，他又以山东武卫右军先锋队为基础，另招募了一些新兵合编为北洋常备军第五镇，驻扎山东济南府及潍县一带。同年，袁世凯又将光绪二十八年（1902年）编练的京旗常备军扩编为独立的一个镇，先驻保定，后移驻京北仰山漥。这样，1901—1905年，袁世凯完成了北洋新军六镇的编练。不久，清政府下令全国新军改称陆军，并统一番号。根据光绪三十年（1904年）八月初三日练兵处奏准的

---

① 廖一中、罗真容整理：《袁世凯奏议》（上），天津古籍出版社1987年版，第428页。

② 廖一中、罗真容整理：《袁世凯奏议》（中），天津古籍出版社1987年版，第876页。

陆军制饷章的规定，每镇步兵二协，每协二标，马队、炮队各一标；步、炮每标三营，工程、辎重各一营。又规定：各省已经编练成军的新军，由练兵处会同奏请简派大员前往考验，择其章制、操法一律合格者，奏请钦定军镇协标号数，其编次之先后视练成之迟速为定。步队协数、步马炮标数均各依次编号，工程、辎重营数则随本镇号数编定。据此，北洋各镇重新编了番号。京旗常备军因是旗兵，地位最高，编为陆军第一镇，驻迁安之原北洋常备军第一镇编为第二镇，驻马厂之原北洋第二镇编为陆军第四镇，驻保定之原北洋第三镇仍为陆军第三镇，原北洋常备军第四镇编为陆军第六镇，驻山东的一镇改为陆军第五镇。至此，北洋六镇全部编成，袁世凯的军事实力和北洋军阀的基础完全形成。

北洋新军在全国各省新军中人数最多，官兵达7万之众，而且它的武器装备最先进，训练也相当正规，可以说是当时中国最强大的一支现代化武装力量。更重要的是，在扩编六镇的过程中，已经形成了以袁世凯为中心的比较完整的北洋派系。

袁世凯能在短短几年中迅速地完成编练北洋六镇，这与他善于抓练兵权有着极大的关系。袁世凯在编练新军中逐渐懂得：要使自己军事实力迅速扩大，一定要取得清廷中央的练兵领导权力。为了达到这一目的，光绪二十九年（1903年）二月，袁世凯上奏了他拟定的《陆军训练简易章程》，并建议在清廷中央设立练兵处。而当时清政府也想通过成立练兵处集中全国新军的军政和军令于朝廷，牢牢地把新军兵权掌握在清皇室的手中，因此，对袁世凯的建议极表赞同。同年底，练兵处在北京正式成立。清廷任命皇族奕劻为总理练兵事务大臣，袁世凯为练兵会办大臣，皇族铁良为练兵襄办大臣。从表面上看，练兵处的大权是由清皇族所掌握，但实际上大权却在袁世凯手里。因为练兵处成立不久，奕劻就以自己年老多病，奏请慈禧太后将练兵一事责成袁、铁"悉心经营"，即主持练兵具体事务。铁良尚年轻，同时又缺乏练兵经验，而袁世凯却多年练兵有方，所以实际上掌握了练兵处的最高领导权。另外，练兵处下设的各机构要人都是袁世凯的亲信。袁世凯曾向慈禧太后推荐其心腹徐世昌、刘永庆、段祺瑞、王士珍等人，说他们随同当差有年，知之最悉，均属切实可靠。在他的推荐下，后来徐世昌为练兵处提调，刘永庆为军政司正使，段祺瑞为军令司正使，王士珍为军学司正使，练兵处的重要职位几乎被北洋集团的成员所包揽。袁世凯还通过练兵处，制定了各种章则法令，包括新军的编制、官制、训练、装备、薪饷等各项法令。通过这些措施，袁世凯控制了全国练兵的用人权、经费权、军械制造权和练兵考查权。

掌握全国的练兵权为袁世凯迅速编练北洋六镇提供了有利的条件。

练兵处成立后，袁世凯即通过练兵处奏请朝廷向各省摊派练兵经费1000万两。光绪三十一年（1905年），各省实际交练兵处的白银911万两，而其中600多万两用于扩编北洋六镇。袁世凯通过练兵处，"征天下之饷，练兵一省"[①]，使北洋六镇迅速成军，也从而真正奠定了他在清末民初军界强人的地位。

有资料表明，北洋军费的78.3%都是由各省提供的，仅这个数字在很大程度上即可以说明袁世凯在辛亥革命中一手倾覆清室、一手压迫南方的中华民国临时政府屈服的原因了。[②]晚清时期，经济拮据、财政匮乏，清政府集全国财力，练北洋一省之兵，使北洋六镇迅速成军，形成了在清王朝中继湘淮集团之后具有举足轻重地位的袁世凯北洋集团，其政治后果的严重性远远出乎慈禧太后的意料。从此，在风雨飘摇中艰难度日的清政府已经不得不依赖这个异己的军事政治集团来维护自己的统治。

袁世凯扩军为的是扩大自己的军事势力，形成以他为核心的北洋派系。因此，各镇重要将领都是由他亲自选定，几乎都是小站出身。

第一镇统制先后为凤山、何宗莲；

第二镇统制先为王英楷，后换张怀芝；

---

① 刘锦藻撰：《清朝续文献通考》卷219，《考9658》。

② 周育民著：《晚清财政与社会变迁》，上海人民出版社2000年版，第394页。

第三镇统制段祺瑞，后改为曹锟；

第四镇统制吴凤岭；

第五镇统制为吴长纯，后改为张永成；

第六镇统制为王士珍，后改为赵国贤。

统制以下的统领（旅长）、统带（团长）以及一部分管带（营长）也均出自小站时的旧班底。除第一镇因是旗兵，袁世凯不能完全控制外，其余五镇都是袁世凯的嫡系部队。

除了六镇正规军以外，袁世凯又把驻直隶的淮军各营整顿改编为三十九营，名"北洋巡防淮军"，又称"北洋巡防营"，分为前后中左右五路，以夏辛酉、张勋、李天保、徐邦杰、邱开浩分别统带，驻扎直隶各州县，专用于"弹压地方，缉捕盗贼，以及保护陵寝，巡查铁路、电路"[1]。作为北洋常备军的别动队。宋庆的武卫左军（又称毅军）共二十余营，其中各将弁多系袁世凯先人旧部。光绪二十八年（1902年）宋庆死后，由马玉昆接统，其中八营拨归姜桂题统率，倪嗣冲被任命为营务处长官。至光绪三十四年（1908年）马玉昆死，毅军全部由姜桂题接受，纳入袁世凯的北洋军系统。这样，袁世凯以直隶总督兼北洋大臣的身份统领着近10万全副现代化武装的北洋新军，形成了以他为中心的一个庞大的北洋军事团体，为他日后以军事力量操纵政坛，乘辛亥革命之机夺取国家政权奠定了坚实的基础。

二、立宪派的搅局

（一）绅商的崛起

中国社会进入20世纪以后，一个新的社会势力——绅商开始崛起。他

---

① 廖一中、罗真容整理：《袁世凯奏议》（下），天津古籍出版社1987年版，第1274页。

们凭借其雄厚的财力和在地方上的声望，急切希望从体制外走向体制内，要求参政议政，在政治舞台上不断致力扩大自身的权益。

所谓绅商，主要是指民间有地位的士绅，或者凭借自身与当地官僚有着良好的人际关系的优势亲自经商；或者与富商结合，利用自己与官僚群体有着千丝万缕联系这一优势，共同谋求发展自己的经济、政治实力。

绅与商的结合，似乎预示着一个新的历史时代就要到来。

这一阶层主要由这样几部分人构成：

（1）取得功名的未仕士子；

（2）退职在籍的官员、因军功致显或保存虚衔的还乡人员；

（3）因捐纳而获得职衔的商人和举办实业的人士。

随着自身经济地位的提高，他们不甘寂寞，又形成一股强大的政治力量开始向国家政治舞台进军，谋求得到更大的发展。特别是到新政的后期，代表地方士绅利益的国内立宪派因为达不到自己迅速参政的目的而与中央政府的矛盾和冲突日趋激烈，二者对抗不可避免。

绅商阶层在清末短短数年间所以能够迅速崛起，这是因为，庚子之役后，实行全面变革已经成为中国发展的时代主题。世界潮流，浩浩荡荡，顺之者生，逆之者亡。在这样的局面面前，清政府已经别无选择。

但是，《辛丑条约》签订后，国家财政已经告罄。问款，清政府无钱可赔；举办各项新政，地方官无钱可筹。整个社会唯能凑集巨资和承办大型事业者，唯赖于商。

在这种情况下，清政府一改过去压制商人发展的政策，在光绪二十七年（1901年），宣布将"通商惠工"作为基本的国策。光绪二十九年（1903年），清政府成立了商部，旨在以行政手段保护市场而不与商民争利。同时，清政府又参照英、日商法，制订出了中国第一部具有商法性质的《商律》，规定民间可以自由经商和集资创办各种与官办、官商合办企业地位平等的公司，并享有国家一体保护的权益。为了鼓励人们投资商业，清政府还出台政策，根据商人出资办实业的情况给予了相当的官衔，以提高商人的社会地位。在这种情况下，清末于是涌现出了一个民间投资的热潮。据史料记载，仅1905—1910年期间，国内新设厂矿万元以上资本的就有209家，总资本约7525万元，绅商阶层由此形成。

随着绅商的崛起与经济利益及社会地位的提高，中国人传统的参政意识开始在他们的身上迅猛地发酵，他们迅速把目光投射到政治领域，希望参政议政，更多地涉及国家的政治事务，"操议事之权"。在这种情况下，一个代表绅商利益的政治团体——国内立宪派集团应运而生。

（二）政治精英的结社与建党

结社与组建政党，是立宪派集团活跃在清末国家政治舞台上的两个重要组织基础。

在中国，历代王朝为了维护专制统治，皆严厉禁止民众结党集社，清王朝禁令尤严。

光绪三十二年（1906年），清政府刚刚宣布预备立宪，专制禁网刚有所松弛，国内就有人把立宪团体作为组建政党的前奏，发出了预备立宪宜先组织政党的呼声。

为了创造建立政党的条件，自鼓吹预备立宪开始，立宪派就开始了关于政党学说的学习和研究，不断在报刊和集会上广泛宣传和讨论。他们介绍了资产阶级国家的政党性质，与民众、政府、国会、宪政的关系，产生的背景和在建设中所起的重要作用等，并根据中国的国情提出了自己的种种看法。

立宪派认为，政党是国家的政治基础，为立宪国家所必需。宪政能否实现，则以中国能发生政党与否而决之，故必须成立政党，监督政府。预备立宪开始后各地立宪团体的纷纷出现即是为了达到这一目的。

1. 上海宪政研究会

宪政研究会成立于光绪三十二年（1906年）末。其宗旨是"务求尽国民参预政事之天职"，在预备立宪期内"考查政俗，研究得失""俟实行立宪后，代表国民，赞助政府"，以"合群策群力，共谋所以利国便民"①。

2. 上海预备立宪公会

预备立宪公会从酝酿到成立，与疆臣岑春煊的支持有着很大的关系。岑春煊积极主张立宪，与立宪派思想上产生共鸣。为了取得立宪派的支持，与政治对手袁世凯抗衡，预备立宪上谕发布后，岑春煊就写信给张謇，希望他能组织一个立宪团体。因张謇不能常住上海，岑春煊便把发起组织立宪团体的责任交给了他过去的属僚郑孝胥。

光绪三十二年（1906年），预备立宪公会在上海成立。会员民主投票选举了15名董事；董事又选举郑孝胥为会长，张謇、汤寿潜为副会长。预备立宪公会"以发愤为学，合群进化"为宗旨②。"使绅民明晰国政，以为预备立宪基础"③。每年召开年会一次，报告一年来的工作，确定下一年的工作重点，选举新的董事和正副会长。职员会每月召开两次，研究具体工作，重大事情由董事会议决。

3. 吉林地方自治研究会

吉林自治会初名吉林地方自治研究会，由地方士绅松毓创办。光绪三十二年（1906年）末，松毓自捐银1000两，联合士绅筹组吉林地方自治研究会，以预备立宪，准备地方自治，养成立宪国民为宗旨。其应办事业为：调查本省自治范围以内诸事，讨论本省重要问题，著译书籍，发表演说，条陈政见，赞助善举，提倡学务，振兴实业。

4. 宪政公会

宪政公会初名宪政讲习会，又称中国宪政讲习会，由杨度发起，"以冀开国会，布宪法，建设责任政府，消专制之威，免暴动之祸，实行君主立宪制度，上安皇室，下起民权，使吾国自危而之安，自亡而之存，合满

---

① 《宪政研究会草章》，载《申报》1906年12月10日。

② 《辛亥革命浙江史料选辑》，浙江人民出版社1981年版，第206页。

③ 《预备立宪公会报简章》，载《预备立宪公会报》第1期。

汉蒙回苗藏诸同胞，以与列强争雄于世界"①为政治目的。

5. 帝国宪政会

光绪三十三年（1907年），康有为、梁启超将保皇会正式改名为帝国宪政会，对外亦称中华帝国宪政会。该组织以君主立宪为宗旨，以君民共治、满汉不分为本义。具体纲领为尊帝室，扩民权，监督政府，讲求宪政之事。

6. 政闻社

政闻社由梁启超于光绪三十三年（1907年）在东京成立。政闻社的发展方针是：一方面当为民间之鼓动，一方面当为政界之运动。

7. 广东地方自治研究社和粤商自治会

光绪三十三年（1907年），广东成立了两个地方性的立宪团体，一个是广东地方自治研究社，一个是粤商自治会，二者各有特色。其宗旨是：研考宪法宪政，倡办地方自治。

8. 贵州自治学社

光绪三十三年（1907年）贵州自治学社成立。其宗旨是："务期人人有道德智识，养成善良品性，造就完全人格，以赞助地方自治之实行，达国家自治之希望。"②

经过数年的努力，到宣统二年（1910年）资政院开院时，最初一批立宪团体，均积累了一定的组织、领导、管理、活动的经验；经过几次国会请愿和第一届谘议局联合会，各省立宪派人士密切了联系，增进了了解，达成了共同的政治默契，组建政党的条件已经基本成熟。于是，宣统三年（1911年）上半年，政学会、宪政实进会、辛亥俱乐部、宪友会相继成立，这是中国近代第一批合法政党。

政党是代表某一阶级、阶层或集团并为维护其利益而斗争的政治组

---

① 《盛京时报》1908年7月12日。
② 《自治学社章程》，载《自治学社杂志》第1期。

织。清末出现的宪政实进会、辛亥俱乐部、宪友会等在政治上均向往追求资产阶级民主政治，务期实现真正的君主立宪制度；在经济上主张发展资本主义企业，同时主张实行地方自治，建立完善的法律制度，普及教育，提倡军国民教育，国民外交，要把中国建设成为一个民主、富强的资本主义国家，代表的都是资产阶级的利益；其内部的组织生活、选举、表决、讨论等，也符合资产阶级的民主原则。因此，均属于资产阶级政党性质。合法政党的出现标志着在中国，君主专制制度在进一步崩解，民众民主权利在进一步增长。资产阶级力量的凝聚，是立宪派人士长期宣传、鼓动、奋斗取得的重大结果。立宪派手中有了政党这个得力工具，在光宣之际极尽呼风唤雨之能事，使得清末政情变得更加复杂。

（三）因怨恨转投反政府阵营

在清末最后几年，立宪派建立了自己的组织和政党，控制了各地民意机关和合法团体，已经形成为一支庞大的社会与政治力量，他们的政治倾向如何，对革命派和清政府的前途都会产生举足轻重的影响。

毋庸置疑，立宪派的政治态度决定于清政府满足其改革愿望的程度如何。如果清政府能够按照立宪派的意愿进行改革，召开国会，让立宪派参政议政，立宪派无疑会成为清政府维持统治的坚强支柱；否则，他们为了实现自己的政治目的，就会另寻出路，成为清政府的敌对势力和掘墓人。纵观历史，清政府正是以其不当的政策将立宪派一步一步地推向了革命的阵营。

从历史上看，立宪派与革命党并不和谐，甚至存在着严重的矛盾，但在对付清政府的腐败与卖国的问题上，最终因为利益一致而选择了共同的立场。

在国外，康梁一派与兴中会早在戊戌变法之前即有芥蒂。戊戌变法时，在横滨的大部分兴中会会员转向维新派，变法失败后，革命党人诱使王照揭露康有为伪称奉有光绪皇帝衣带诏这件事，从此两派结下了不解之仇。光绪二十六年（1900年），孙中山打算在广东发动起义，康梁也准备武装"勤王"，梁启超到檀香山宣传，一下子把当地大部分兴中会会员和华侨争取到保皇会方面来，几乎将孙中山在海外的第一个活动基地彻底搞垮。这件事，让孙中山大为恼火。此后，梁启超就不时遭到革命派的攻击。光绪二十九年（1903年），梁启超放弃了"破坏"与"革命"口号后，革命派对他的攻击论调随之升级。

自光绪三十一年（1905年）开始的革命与立宪之争，仍是前一阶段孙、康两派斗争的继续和扩展。要实现自己的政治主张，就必须有愿意为之奋斗的大批群众的追随，必须做大量的宣传、鼓动工作，建立组织、扩展会务、筹措从事暗杀或武装起义的活动经费，而经费又要从支持者那里取得。谁争取的群众多，经费多，地盘大，势力大，谁就有首先战胜封建专制统治的希望，在竞争中获胜。任何一方得势，都意味着对方处于劣势。对这个极为现实的切身利害问题，孙、康双方均直觉地感到了它的重要性。

在日本，一些革命党人在报刊或群众大会上对康梁大肆攻击，诅咒他们为"汉奸""认贼作父""异族奴隶""非今日之中国人"，喧嚷必"诛此两妖魁"。光绪三十三年（1907年）政闻社在东京召开成立大会时，就发生了革命派对立宪派大打出手的闹剧。

在新加坡和缅甸，有两派对报社的争夺，也有革命派大闹政闻社的故伎重施。这些不择手段的攻击、叫骂、阵地争夺，不是严肃的政治斗争，而是宗派性质的体现。

在国外，革命派不仅对康梁立宪派基本上采取了激烈的态度，对于国内的立宪派，他们也多有所指责。张謇、郑孝胥、马相伯、杨度、狄葆贤等人及预备立宪公会等团体都曾被点名攻击。有人把立宪派看作与清政府同恶相济、助纣为虐的帮凶，一味责斥谩骂，加给立宪派取悦官场、摇尾乞怜、沽名钓誉、升官发财、狡伪无耻等各种罪名。他们对立宪运动所遇到的挫折抱着一种幸灾乐祸的心理，如宣统二年（1910年）二次国会请愿失败，在东京的革命党首领"大喜"，立即邀集100多名同志开会祝贺，并密议运动南洋华侨反对国会，以绝第三次请愿之后援。

同梁启超等一样，国内的立宪派人士也认为革命党人都是爱国主义者，革命与立宪在外御群侮这一点上，目标是一致的；两派所竞争者意气，非公益也。对于这种无谓的相互攻击，他们是不赞成的。因而对于革命党人的指责斥骂一概听之任之，不予还击，表现得相当宽容大度。国会请愿同志会的机关报《国民公报》不仅无一语诋及革命党人，且常有左袒革命之意义。当革命派发动武装起义失败时，立宪派尽管不无埋怨情绪，说徒然牺牲同志，于国家无补，于民众无利，然而却无幸灾乐祸之心。不仅如此，每当革命党发动一次起义，他们好像是弹双簧似的，总是大肆攻击清政府一番，大骂政府专制、欺骗民众，等等。有的立宪派所办的刊物还公然歌颂革命烈士，如广东的《半星期报》就发表过歌颂吴樾、秋瑾、徐锡麟和陈天华的诗篇，著文为秋瑾遇害鸣冤叫屈。

与国外情况不同，国内最为常见的现象是革命党与立宪派两派人士的和平共处，互助合作，共同斗争。例如，湖南的立宪派龙璋是革命党领袖黄兴的密友，与当地革命党人陈作新关系密切，凡是反清革命的，他都引为同志，经常慷慨解囊，大力资助革命经费，甚至不惜出卖家产，辛亥革命前捐助总数在20万元以上，还利用自己的汽船为革命党购运枪械；光绪三十年（1904年）华兴会成立，他被邀列席；宣统三年（1911年）春，谭人凤回湘联络同志，准备响应广州起义，龙璋也参与了密议。宣统二年（1910年），立宪派粟戡时等十余人致函湖北谘议局，请其营救关押数年之久的同盟会会员胡瑛出狱。立宪派陈炳焕之子陈嘉任时为同盟会会员，宣统三年（1911年）黄兴之子黄一欧回湖南进行革命活动，事泄遭到通缉，由于陈炳焕力为掩护，始得安全逃脱。

湖北立宪派时象晋的两个儿子时功璧、时功玖都是革命党人，他本人思想亦很进步，与革命党人张难先、李书城、吴禄贞等过从甚密。李国铺与革命派早有联系，科学补习所、日知会创立时，他都捐款支持。文学社负责人刘尧澂主动谒见过汤化龙；汤知文学社有人去武胜关察看缺少路费，主动捐助20元，另外资助文学社数十元。汤化龙发起成立汉口宪政同志会，革命党人詹大悲、何海鸣、谢石钦都参加了。何海鸣还参加了湖北的国会请愿运动。从海外归来的革命党人刘成禺也应邀在请愿大会上发表过演说。詹大悲向汤化龙递过门生帖子，极想调和两派关系，曾对人说"当今人才，阅已多矣，约言之，无过两派（民党、宪党），一则德优于学（民党），一则学优于德（宪党），求有确实把握、完全筹划、足以救中国之危亡者，民党中不得二三，宪党中不得三四"，"将调和两派之间，为后十年之准备"。①宣统三年（1911年）《大江报》发表《大乱者救中国之妙药也》时评，詹大悲遭到拘捕，《大江报》被封闭。立宪派的喉舌《时报》立即指斥当局大兴文字狱，破坏立宪制度，予以声援。

　　江苏的张謇、马相伯、赵凤昌等人都是同盟会会员黄炎培的"战友"。黄炎培与雷奋、杨廷栋、方还、刘垣、沈恩孚的关系亦非同寻常。同盟会会员蔡元培与马相伯"为莫逆交"。立宪派沈缦云、王震与革命党人的关系更为密切。光绪三十三年（1907年）革命派创办《神州日报》，得到张謇和马相伯的赞助。光绪三十四年（1908年）同盟会江苏支部长陈陶遗为两江总督端方拘捕，革命党人请张謇帮忙，张即电端方营救，端方因此没有杀陈。宣统元年（1909年）革命派的《民呼日报》遭到封禁，《时报》和《东方杂志》均为其打抱不平，批评政府和官吏压迫舆论。宣统二年（1910年）于右任再办《民立报》，沈缦云还曾出资赞助。

　　国内两派的关系何以会与海外的两派关系有如此之大的差别呢？

　　首先，历史渊源不同。海外的两派最初都活动于华侨之中，而华侨人

---

① 《辛亥革命史丛刊》第4辑，中华书局1982年版，第211页。

数有限，为了发展壮大本派势力，他们在争夺群众、捐款和地盘等问题上不可避免地要发生冲突，以此结下仇恨，互不谅解，遇有机会，便要发作而大打出手。国内的两派并未结下此种宿怨。当两派在海外开始笔战时，革命派在国内尚无多大力量。同盟会成立后力量渐向内地扩展，然而争取的对象多为会党，后来重点转移到新军，经费来源靠海外接济和自筹。国内立宪派主要活动在知识分子、民族资产阶级和开明士绅中间，争取的对象和活动的范围均不与革命派发生冲突，经费自有来源，更不会产生争募捐款的矛盾。同时，国内地广民众，大有回旋余地，不致出现你争我夺的现象。总之，没有直接的利害冲突，故能相安无事。

其次，在当时的社会上，革命派之外，立宪派是唯一的民主力量。立宪派在呼吁救亡图存、反对封建专制制度、要求民众的民主自由权利、挽回利权、保路斗争、发展资本主义工商业、兴办近代教育和文化事业、建立各种社会团体、启迪民众政治思想等问题上，均走在社会的前头，从事立宪运动也能坚持原则。这些在不持偏见的革命党人心目中都留下了良好而深刻的印象。加之根本宗旨相同，同一地区的两派人本来就有各种各样的关系和来往，私交甚笃，所以他们能够和平相处，遇事相助，共同携起手来同政府斗争。

客观情况表明：立宪派对革命党人的基本认识和态度，同清政府的对立和斗争，不仅使立宪派在感到和平手段无效时有可能转到革命方面来，而且使得力量不足的革命党人也有可能淡化派别之间的成见，主动同立宪派接近。而对本就熟悉了解、关系密切的国内两派来说，彼此更会相互产生影响，立宪派绝望之际尤易接受革命派以暴力推翻政府的观点，趋向革命一边，从而使两派合流。①

立宪派之所以会转向革命，主要是由于清政府不能满足他们的改革愿

---

① 参见侯宜杰著：《二十世纪初中国政治改革风潮》，中国人民大学出版社2011年版，第325—334页。

望，受到斗争实践的深刻教育，自身思想认识有了显著提高。这种情况从宣统二年（1910年）国会请愿运动期间就开始了。

在国会请愿运动中，立宪派恭谨虔诚地呈递请愿书，诚惶诚恐地拜谒当朝大臣，始终遵循国家法律，毫无越轨行为；各省的游行请愿秩序井然，既无对长官的非礼要挟，更无暴徒的破坏扰乱。请求一次比一次赤诚，冀望朝廷终能醒悟。然而结果呢？政府"直以热心爱国之绅民与革党会匪齐观而等视"①，强行解散代表团，押解代表回籍，甚至加以拘捕流放。铁的事实教育了立宪派和一切期望政府改革的善良人，使之认识到和平请愿无法达到目的，赤手空拳的哀求无济于事，以合法手段得不到的东西只能以非法手段去夺取，要铲除专制毒根，实现民主政治，只有以革命暴力将现政府打倒，别无其他出路。

二次请愿失败后有些人的思想就发生了巨变。

山西代表渠本澄返省后当众宣言：三次请愿国会不成，当急取葡萄牙革命主义。

原政闻社的头面人物徐勤主张：亟欲为暗杀之举动。②

第三次请愿的失败更促使大批立宪派人士的思想发生了转变，立宪派对清政府怨恨猛增，不知不觉从和缓的立宪转而走向激烈的革命途径。

当时的真实情况是：在第三次国会请愿运动失败后，山东的侯延爽、陈干等，"全认为清政不纲，列强环伺，岌岌可虑，舍革命而外，别无救国良策"③。广西的吴赐龄公开"论和平改革终无进步"④。四川的情况是：成都学校诸生吁请速开国会，大吏遏抑不以闻，被斥逐者甚众，士气愈形奋激，乃转而趋向革命。天津一部分参加请愿的学生如刘明义、魏振东等在

① 《读本月二十三日上谕恭注》，天津《大公报》1910年12月29日。
② 参见侯宜杰著：《二十世纪初中国政治改革风潮》，中国人民大学出版社2011年版，第335页。
③ 夏溥斋：《辛亥革命山东独立前后记》，载《山东省志资料》1961年第4期。
④ 《国民公报》1910年12月31日。

请愿被镇压后，"知道清廷所准备的立宪，不过是个骗人的把戏，绝对不会实行的。于是主张不要信任清廷，要推倒它，由民众自己组织政府，来管理我们的国家。有很多的同学，受他们的影响"。[①]

此时，立宪派向革命转化还仅仅是个开始。对立宪派来说，实现这一转化不但是思想上的巨大转折，而且还需要极大的勇气。故大多数还在观望，尚未最后下定决心。春节期间，蒲殿俊写了一篇《流年之慨》，抒发了自己的心情。他列举事实，说明民众的悲惨愁苦。但又认为，只要铲除了"专制之威"，政府悔悟，过两年召开了真正的国会，还是有希望的。他的感想正是当时大多数立宪派人士心态的写照。不过，随着时间的推移，希望破灭，他们很快也就转向了革命。

宣统三年（1911年）清政府拒绝召开资政院临时会议，特别是成立皇族内阁，申斥要求改造内阁的立宪派，非法宣布铁路干线国有政策，签订湖广铁路借款合同等，都极大地损害到了立宪派的利益，立宪派人士切齿痛恨，纷纷弃清政府而去。谘议局联合会甚至提出"对内斗争第一"的口号。对于立宪派有进无退的政治诉求，清政府绝不会允许其如愿以偿，而立宪派在原则上也不会让步。于是，旧的斗争方式肯定将被新的更激烈的方式所取代，更多的立宪派人士势必向革命立场转化。

就在立宪派集团因为不能进入政治体制内而对清政府极为不满之际，盛宣怀推行"铁路国有"的政策，用"国有"的名义，将粤汉铁路与川汉铁路的筑路权，从绅商手中重新夺去，再"押"给外国人，让外国人以"债主"的资格加以控制。在这种情况下，湖南、湖北、广东、四川等省绅商们高擎保护民族权利的旗帜，各省立宪派共同起来声援与抵制，事情的发展超出了各方面的预料，立宪派发动的保路运动最终成为引发清王朝统治崩溃的导火线。

---

① 杨学羔：《华北协和书院师生的革命活动》，《辛亥革命回忆录》第5集，中华书局1963年版，第442页。

三、得失之小结

在清末新政中，主要滋生出了两大政治利益集团：一个是袁世凯北洋集团；另一个则是以张謇为代表的立宪派集团。清王朝的覆亡，与这两个集团的背叛与搅局有着重要的关系。

关于北洋集团的崛起，著名的治史大家罗尔纲先生在《晚清兵志》一书中，对北洋军成为袁世凯势力的机缘曾有过精辟的论述，很能说明问题，特录如下：

清末编练陆军，对内动机原起于欲集权中央，而献此策的人就是袁世凯。从当时的设施看来，特设练兵处于中央，以亲王总司其事，由练兵处厘定军制，画一全国编制，一扫咸同以来督抚自专兵柄，各省自为风气之弊。其后甚至将道光以前绿营兵政分寄督抚的旧制亦行废除，而将各镇兵政直隶于陆军部，督抚不得过问，一时间中央集权之制雷厉风行，无以复加，兵权既完全集中于中央，则不应有兵归私人的事发生，乃当时全国陆军最称精强的北洋六镇，以至皇室的禁卫军却都成为袁世凯一人的势力，其原因又在哪里呢？

《皇朝续文献通考》编者刘锦藻详论其原因说："立国之道，莫要于治兵。而治兵之机，尤贵上下相系，人人有亲上死长之心。我朝以武力开国，惟其权操自上，而又知人善任，用能使八旗绿营之兵，拓疆万里，宾服八荒，勋业之隆，前古无匹……自光绪间改建新军，在朝廷惕于外侮，不惜舍己从人，以为壁垒更新，士气可振。讵意魁柄旁落，忧伏萧墙，盖但骛其名，不求其实，未知列圣创业垂统，谟猷至为深远，其要道有在整军经武之外者。有法无人，足昭炯戒！"又说，国朝初设军机处，原以承受方略，承平日久，渐专政务。咸同军兴以后，京外大臣有戡乱之功，于是兵权又渐移而分寄于督抚，故先朝谕旨有各省练兵自为风气语。光绪二十九年设练兵处专司其政，遂编练陆军，使归一政，原有规复旧法之意，乃行之不善，竟召大祸。他在论禁卫军一节又说："自宣统初，改为弁兵满汉互用，卒生肘腋之害。论者乃以用汉人为疚。不知先朝法度不过因时制宜，非过分满汉也，曾国藩以湘军戡定大难，岂非汉人哉？要在深知列圣立制之精心，而非其人，又不轻假以权，乃无施而不可尔。"

概括刘锦藻意见，他本是赞同施行中央集权制的。但他却指摘清廷柄政者徒骛其名，不求其实，且用非其人，轻假事权，遂至魁柄旁落，忧伏萧墙。他所论确是事实。但是，当时清廷归慈禧太后主政，她是个久经忧患手腕铁辣的妇人，袁世凯究竟借何机缘把清廷的兵权潜移默转入于己掌握中呢？刘锦藻却还不曾有所说明。

要追寻这个机缘，应对清末练兵全局作全盘的观察。事实上，练兵一事倡议于袁世凯而决定于慈禧太后。袁世凯声望才识魄力都足以胜此任，其人因戊戌政变时效忠于慈禧，庚子之变、两宫流亡之时对朝廷的良好表现，又为慈禧所深信，而其所陈练兵宗旨复为慈禧所乐闻，故慈禧遂决策无疑委袁世凯以练兵的事权。但慈禧对袁世凯并不是一无防维的，其练兵处的设立，特以庆亲王奕劻为总理，而以袁世凯为会办。这是仿光绪中创建海军设海军衙门以醇亲王奕譞为总理，李鸿章为会办前例。不过事例虽同，而实质则不同，海军衙门只是一个摆空架子的机关，无事功可为，论者至称为修颐和园衙门。练兵处则雷厉风行办理全国练兵筹饷事，而奕劻庸碌无能，对练兵事一无所知，复为袁世凯所巴结，又喜其人，于是练兵处事权，实际上落在袁世凯一人的手。袁世凯在北洋亲自选将练兵，京师练兵处则广布心腹，练兵处提调徐世昌就是袁世凯的好友，系他所奏保，其军政司正使刘永庆、军令司正使段祺瑞、军学司正使王士珍都是袁世凯部将，而由他奏派。尚秉和在《德威上将军正定王公行状》一文中记其事说："时练兵处训练大臣皆王公及宰相兼领，其编定营制，厘订饷章，及军屯要扼，皆公及冯、段诸公主之，王大臣画诺而已。"故练兵处虽是中央特设统筹全国练兵的中枢，实则和袁世凯私人机关无异。当练兵处成立时，御史王乃征就上奏请收回成命，其中有"古今中外不闻举国兵柄利权挈而授予一人之理。今练兵之事，旨派庆亲王为总理，袁世凯为会办，兼有铁良襄办矣。顾庆亲王分尊事冗，素不典兵，何从识武将一人？何能议军政一事？铁良之才，素无表见，愈益可想。然则大权在握者，固惟独袁世凯耳。观派提调三司，如徐世昌等皆该督荐举，素为其心腹，将来济济师旅，感挟纤之恩，而指挥唯命者，岂复知有他人？又督责天下之饷需，欲户部不得过问，举劾天下之将弁，欲兵部不得持权，既历史所未有，亦五洲所不闻。枝重有拨本之嫌，尾大成不掉之势，比其立召祸乱者也"。

王乃征可谓有先见之明，而奏上朝廷不察，于是练兵处从开始即归袁世凯掌握，袁世凯乃得假中央的权威以行个人掌握兵权之实，征全国的财力，以养北洋六镇的兵。故咸同后，督抚专政不过造成中央政令不行的局面，而袁世凯则据练兵处挟中央以令各省，兵权饷权都操于一人之手，兵将都为心腹，即禁旅亦为爪牙。迨大势既成，清室始惶惶然以收袁世凯兵权为急务，光绪三十二年（1906年）抽出北洋第一、第三、第五、第六四镇划为近畿四镇，归凤山节制，就是对袁世凯而发。其后袁世凯罢斥，并第二、第四两镇一并归陆军部管辖，以为如此就可收袁世凯兵权以归中央，而不知积重难返，魁柄已无可挽回。到辛亥革命起义，清廷终不得不起袁世凯以指挥诸镇。于是袁世凯遂因势乘便以倾清室。稽其由来，其机缘虽微，却仍是班班可考的。近代史家论此事的以为北洋六镇将校为袁世凯手拨，故成为袁世凯私人势力，这虽然是其中一个原因，但是其最要的关键乃在于袁世凯总揽中央军政大权的缘故。[1]

罗尔纲先生这个结论可谓洞察其中。北洋六镇的练成及其为袁世凯北洋集团所私有一事表明，袁世凯作为清末军事权威的地位已经不容置疑地

---

① 罗尔纲著：《晚清兵志》陆军志，中华书局1997年版，第219—222页。

固定了下来。

至于立宪派集团，他们是清末经济改革的产物，主要代表绅商的利益。随着绅商的崛起与他们经济利益及社会地位的提高，他们开始把目光投射到政治领域，希望参政议政甚至执政，更多地涉及国家的政治事务。在这种情况下，一个代表绅商利益的团体——立宪派集团应运而生。

在清末最后几年，立宪派建立了自己的组织和政党，控制了各地民意机关和合法团体，已经形成为一支庞大的社会与政治力量，他们的政治倾向如何，对革命派和清政府的前途都会产生举足轻重的影响。

不用怀疑，立宪派政治态度决定于清政府满足其权益的程度如何。如果清政府能够按照立宪派的意愿进行改革，允许他们从体制外走向体制内，在拥有经济基础后再拥有政治权力，立宪派无疑会成为清政府统治的坚强支柱；否则，他们为了实现自己的政治目的，就会另寻出路，成为清政府的敌对势力和掘墓人。纵观历史，一开始，清政府就是被立宪派牵住鼻子，被动地一步步同意改革政体，一步步自动解除权力走向灭亡的。

从历史上看，立宪派与革命党并不和谐，甚至存在着严重的矛盾与斗争，但在对付清政府的问题上，却最终采取了一致的立场。立宪派之所以会转向革命，主要是由于清政府不能满足他们的参政愿望。随着经济地位的提高，他们不再满足于现状，不断向政府提出自己的政治诉求，甚至不惜采取激烈的请愿行动。由于要求屡次遭到清政府的拒绝与申斥，士绅们不知不觉从和缓的立宪请愿而走向激烈的革命途径。到辛亥革命爆发前夕，已有众多的立宪派人士在思想上或行动上有了革命的准备，所以反政府革命一旦爆发，他们就会迅速响应，投身到革命阵营，成了大清王朝的掘墓人。立宪派因为其政治诉求不得而搅局，这是清王朝迅速灭亡的重要原因之一。

第六章 "西天取经"与政治改革的得与失

一、立宪派的政治诉求

清末政治体制改革是在立宪派鼓噪与推动下开展起来的。立宪派推动政治体制改革自有他们的政治主张与诉求。

就国内立宪派集团而言，一个特别值得注意的人物是张謇。这是因为在20世纪初年的国内政坛上，他是一位对传统政治结构的现代转变（建立君主立宪政体）起过真正重大促进作用的人物。而其他一些著名立宪派人士，如梁启超、康有为等人，因为长期流亡海外，在国内实际上并没有多么大的政治影响力。张謇作为东南各省众望所归的士绅领袖，因为甲午战争与戊戌变法的连续打击，他对于政治颇有灰心之感，遂暂时放下政治热情，以状元身份下海经商，全力投身于近代实业发展领域，从而在东南地区的政界、商界、名流阶层拥有很大的号召力。

清末新政初期，张謇对国家政治改革并没有抱有多么大的希望。但是，随着绅商阶层的形成以及扩展他们经济利益的需要，张謇决定一改初志，积极投身到清末立宪运动的洪流之中。光绪三十一年（1905年）以前，他对立宪的期望并不是特别的急切。光绪三十一年（1905年）抵制美货运动兴起之后，他方才意识到推动清政府政治改革的条件已经渐趋成熟，从而对立宪的热情和信心因此大增。经过反复奔走、劝说，他终于促成直隶总督袁世凯、两江总督周馥、湖广总督张之洞（当时三位在全国最具影响力的地方总督，跟张謇均有良好私人来往关系）联衔上奏，请定12年后实行宪政。光绪三十二年（1906年）底，张謇进一步与上海名流人物倡议成立了国内最早、最大的政治团体"预备立宪公会"。不过，此时的张謇仍然主张"得尺则尺，得寸则寸"的缓进方针。此后，随着时局的迅速变化和国内各阶层要求立宪的呼声日益高涨，张謇于是改变了原来的缓进策略，对于政治的要求与期望值一次比一次高涨与急切。随着经济地位的增强，在政治动员的高潮中，绅商们对政治改革的期望值正在迅速蹿升，他们开始成为清末政坛上一支不可忽视的政治力量。

推动政府立宪并让他们参与其中获取利益，这是立宪派集团初期的政治诉求。

立宪派集团颇具新兴阶级的朝气，一开始就以民众代表的姿态，理直气壮地声明："立宪法之希望，即今日欧美通行之政治学说，所谓最大多数人之最大幸福之义也。"[①]

立宪派向往的是真正的西方式的资产阶级民主政治，尽管他们对此并没有深入了解。但这无关紧要，最主要的是，他们要创造条件，利用自己的经济地位进而获取资源更多的政治地位。实际上此后他们同清政府的一切分野和斗争，可以说均是由此而生。

最初，立宪派将政治活动的重点放在策动地方督抚和中央权要赞成立宪，推动清政府派遣大臣出国考察政治，进而实行政治改革上面。

行动的主角为江浙的立宪派人士。

---

① 《论朝廷欲图存必先定国是》，《时报》1904年8月7日。

江浙的立宪派认为，实施立宪要靠权要主持，这些人为地方疆吏，与清廷上下一气，其言行最能耸动朝廷心意；要促成立宪，就必须首先说服权要，让他们赞助立宪派的主张并向朝廷代行陈请。因此，一开始，立宪派走的完全是上层路线。

日俄战争刚一爆发，江浙的立宪派人士张元济、张美翊、赵凤昌和张鹤龄以及盛宣怀的幕僚吕景端等就进行了紧急磋商，开始了他们的奔走权要的运动。他们借日俄战争的机会，提出了"诚恐日后各国大会媾和，始终置我局外，尽失主权"，首次提出了遣使分赴各国的问题。认为"此时我不预备，迅派专使分赴各国，声明东三省主权所在，将来恐为柏林之续"①。立宪派决定把他们的想法先向盛宣怀和湖广总督端方陈述，再由盛宣怀与商约大臣吕海寰商量办理，以他们3人的名义电告清政府，奏请在中国实行立宪政体。

在立宪派的鼓动下，光绪三十一年（1905年）春，疆臣吕海寰、岑春煊、魏光焘、端方、盛宣怀联衔上奏清政府，请求迅速特简亲重大臣，以考求新政为名，历聘欧美有约诸邦。同时，择最大新政切实举行数事，痛除旧习，以动天下之观听。这次督抚连衔上奏虽然没有涉及政治改革，但实际上已经表明了他们在政治立场上愿意同立宪派取一致的态度。

就在这一年，张謇不断与魏光焘、张之洞等封疆大吏讨论立宪问题，游说他们奏请立宪，并为他们代拟立宪奏稿。这其中，汤寿潜、赵凤昌等人也参加了研究。折稿大意谓：日俄战后，中国必有极大危险，欲加预防，只有实行立宪。但谨慎胆小的张之洞没有立即出奏，而是嘱张謇探询直隶总督袁世凯的态度，以决进止。张謇也认为如能得到疆臣领袖袁世凯倡导，对推动立宪十分有利，于是致袁一函，请其赞助立宪。信中说：

今全球完全专制之国谁乎？一专制当众立宪，尚可幸乎？日本伊藤、

---

① 《南洋公学张美翊致两广督署幕府书》，光绪三十年二月五日。

板垣诸人共成宪法，巍然成尊主庇民之大绩，特命好耳。论公之才，岂必在彼诸人之下。①

袁世凯认为气候不到，答以"尚须缓以竢时"。张之洞、魏光焘由此知清政府内部反对者尚多，未敢将折稿呈进。

此前，张謇为抵制美货事曾专门致函袁世凯，信中既劝且诱：

万机决于公论，此对外之正锋，立宪之首要。

公但执牛耳一呼，各省殆无不响应者。安上全下，不朽盛业，公独无意乎？及时不图，他日他人构此伟业，公不自惜乎？②

张謇企图从个人的安危荣辱的角度说词打动袁世凯，请其赞助立宪。

因为日俄战争的发生，立宪已成为大势所趋，袁世凯为了避免孤立和防止将来光绪皇帝因戊戌往事报复自己，同时也为了执立宪之牛耳，占取主动，于是改变态度，联合两江总督周馥和湖广总督张之洞电奏，请实行立宪政体，以12年为期。两广总督岑春煊为了占立宪的先机，也电奏：欲图自强，必先变法；欲变法，必先改革政体。为今之计，惟有举行立宪，方可救亡。

作为深受立宪派影响的军机大臣瞿鸿機，更是在慈禧太后面前"造膝密陈"，奏请派员出洋，"自请亲赴欧美考察政治"。奕劻和其他"枢臣懿亲亦稍稍有持其说者"③。

在立宪派集团的推动下，清政府终于下决心在政治改革上向前迈开了蹒跚的脚步，光绪三十一年六月十四日（1905年7月16日），慈禧太后决定派遣大臣出洋考察各国政治。但此举对于清政府巩固统治而言，是对还

---

① 沈志远：《袁世凯与张謇》，载《古今半月刊》第53期。
② 《为抵制美货事致袁直督函》，见《张季子九录·政闻录》卷3。
③ 侯宜杰著：《二十世纪初中国政治改革风潮》，中国人民大学出版社2011年版，第39页。

是错，还要等待历史的裁判。

二、前所未有的出洋考察

100多年前，被列强打得一败涂地的清政府，曾经派出过一个空前规格的政府考察团，赴欧美国家考察政治，诚心求取真经。考察团一路绿灯，受到西方各国高规格的接待。这在晚清中国的国际形象普遍不被看好的情况下，成为为数不多的几个亮点之一。

光绪三十一年十一月二十三日（1905年12月19日），在上海吴淞口，清朝钦差大臣戴鸿慈和端方率领的政府出洋考察团，乘坐美国太平洋邮船公司的巨型邮轮"西伯利亚号"，开始出洋考察政治。

光绪三十二年十二月二十日（1906年1月14日），中国政府出洋考察团的另一路，由载泽、尚其亨、李盛铎率领，在上海登上法国轮船公司的"克利刀连号"后，也踏上了考察各国政治的旅程。

这是一个非同寻常的政府出访考察团。

在此之前，清政府不是没派出过官方考察团。第一次，如果可以算作官派的话，很是不伦不类。那是同治五年（1866年），时任清政府总税务司的英国人赫德有事回国，清政府派了前山西襄陵县知县斌椿率其儿子和三个同文馆学生一块跟着出去，算是开开眼界。

第二次，在同治七年（1868年），应是朝廷正式派的代表团，但是团长却是美国人，名叫蒲安臣，是刚卸任的美国驻华公使。这个使团的目的是帮助清政府为各国说说好话，以免在随后的修约中过分使清政府难堪。蒲安臣使团访问了11个国家，历时两年8个月，走到俄国时，连团长都病故了，这样，使团中的中国人志刚才接任了团长职务。

再往后，光绪二十二年（1896年），有李鸿章访欧美，表面上是为贺俄国沙皇的加冕典礼，实际是想搞联俄拒日外交，访问完俄国，就顺便到欧洲、美国游历一番。

光绪二十七年（1901年），因德驻华公使被杀一事，清廷特派醇亲王载沣赴德国道歉。

然而，以专程前往西方国家的政府考察团级别之高、目的之明确，这次的五大臣出访团都是史无前例的。

五大臣中的带队人，是皇室宗亲载泽。他是康熙大帝的第六代重孙，出生第二年就被封为镇国公。他也是五大臣中年龄最小的一个，出洋时尚未满30岁。其余4人，都在四五十岁之间，最大的戴鸿慈，当时也不过才52岁。

五大臣中的端方，时任湖南巡抚。另两位，李盛铎时任驻比利时大使，尚其亨是山东布政使。

出动这样一个空前高规格的政府代表团，要去干什么？这在光绪三十一年六月十四日（1905年7月16日）光绪皇帝发给内阁《派载泽等分赴东西洋考察政治谕》的谕旨中说得很是清楚：

> 方今时局艰难，百端待理，朝廷屡下明诏，力图变法，锐意振兴，数年以来，规模虽具而实效未彰，总由承办人员向无讲求，未能洞达原委，似此因循敷衍，何由起衰弱而救颠危。兹特简载泽、戴鸿慈、徐世昌、端方等，随带人员，分赴东西洋各国考求一切政治，以期择善而从。嗣后再行选派分班前往，其各随事诹询，悉心体察，用备甄采，毋负委任。所有各员经费如何拨给，著外务部，户部议奏。[①]

原本五大臣是定在光绪三十一年八月二十六日（1905年9月24日）从北京正阳门火车站出发的，当时的五大臣中，还有新任军机大臣徐世昌和商部左丞绍英。不料革命党人吴樾的一颗人肉炸弹，不但致他本人当场身

---

① 故宫博物院明清档案部编：《清末筹备立宪档案史料》上册，中华书局1979年版，第1页。

亡，当时的五大臣中也有三个被炸伤。爆炸之后，端方很着急，生怕朝廷就此改变了出国考察政治的主意。

然而，实际上，朝廷已经不可能再改变主意。

一是革命党人吴樾在光绪三十一年（1905年）用人肉炸弹的方式企图阻止清廷派代表团出洋考察之事，更加坚定了清朝最高统治者的革新思维。既然是革命党反对的事情，做一做大概不会出什么问题吧。

二是当时国际形势的变化也使得清朝最高统治者加快了立宪的步伐。其时，俄国沙皇颁布《十月宣言》，着手政治改革，召开国家杜马（议会），也就是说，西方列强中最后一个专制政权也宣告立宪了。光绪皇帝和慈禧太后得知这消息，立刻召见载泽，催促他们要抓紧考察——他们也生怕在此关键时刻落到孤家寡人的地步。

因为徐世昌已被任命为巡警部尚书，绍英伤重，清廷遂又以李盛铎和尚其亨为出使大臣。

根据载泽的《考察政治日记》和戴鸿慈的《出使九国日记》，五大臣出洋大致路线是：

载泽团的路线：中国上海—日本—美国（旧金山）—美国（纽约）—英国—法国—回英国—比利时—回法国—经苏伊士运河、吉布提、科伦坡、新加坡、西贡、中国香港—中国上海。

戴鸿慈、端方团的路线：中国上海—日本—美国—英国—法国—德国—丹麦—瑞典—挪威—回德国—奥地利—匈牙利—俄国—荷兰—瑞士—意大利—经埃及赛得港、亚丁、锡兰（斯里兰卡）、新加坡、中国香港—中国上海。

这15个国家中，丹麦、挪威、瑞典、荷兰、瑞士五国都是在考察团出发后，听说了此事，临时邀请中国考察团来访的。

中国考察团所到国家，一律都受到了最高规格的接待。在日本，天皇接见；在美国，见到了总统罗斯福；在英国，去白金汉宫见英国国王；在法国，总统设宴招待……所到15国，全部是国家元首接见。

对于各国的接待，载泽在他的《考察政治日记》中有一个总结：日廷款接尚殷，法商欢迎殊盛，英为少简，比（利时）为最优。

日本人确实接待得最为认真。除了天皇接见，日本的前首相、明治维新的元老伊藤博文还前来拜会了中国考察团，他们之前还有过一场长谈。载泽在他的日记中详细记录了这场谈话，在这个谈话中，中国人像是个小学生，伊藤博文又如同一个诲人不倦的老师。

载泽问：我国考察各国政治，锐意图强，应该以什么为纲领呢？

伊藤博文答：贵国欲变法自强，必以立宪为先务。

载泽问：我国立宪，应该师法哪一国家为最好？

伊藤博文答：各国宪政有两种：有君主立宪国，有民主立宪国。贵国数千年来为君主之国，主权在君而不在民，实与日本相同，似宜参用日本政体。

载泽还问：君主立宪与专制有何区别？

伊藤博文答：最主要的区别就是立宪国的法律必须经过议会议决，呈君主裁定，然后公布。不像专制国的法律，君主一个人说了算。法律公布之后，全国人民都得遵行，没有一个人不受到法律的约束。

这场谈话，伊藤博文全部用英语作答，由中国考察团中的随员柏锐口译给载泽。

同样，到了英国，英国人也是诲人不倦。

在中国考察团到英国之前，中国驻英大臣汪大燮向国内报告说，英国人担心这次中国考察团会走马观花，考察是为掩人耳目，并无真意。为消除他们的担心，汪大燮专门聘请英国名家埃喜来为考察团讲解英国宪法。他讲三权分立与君主权限、上议院与下议院、政府组织、选举制度、地方自治、税收与财政预算等，头天讲解，隔天实地参观，从国会到内务部、地方自治部、财政部、教育部、农业部等一个一个地看。载泽在他的日记中以皇皇1.5万余字的篇幅对这些内容做了详细记录，今天读来，可说是中国人对西方政治制度最早也最忠实的介绍之一。

在美国，中国考察团所到之处，美国民众无不倾城相告，空家来观。中国代表团被人围观，在美国在欧洲都是同样。在瑞典，考察团经过的路上，市民们欢迎，唱歌，送花，挥帽致礼；在德国，当考察团游览德累斯顿的爱博河时，无数游人都停下来挥手致意。实际上，再往前40年，斌椿带的出使团那次去欧洲时，欧洲人围观更是疯狂，一次在德国，中国人为躲避观众，进入一家店铺，围观的人也跟着涌入，中国人再想出店已是寸步难行。后来店铺的人打开后门让中国人走，洋人们又涌到后门围追堵截，于是使团中有人拿出雨伞四面挥打，又逃回店主住的楼上。最后是警察不得不出面维持秩序。

这次，五大臣到了英国，戴鸿慈和端方去见英国外交部负责东方事务的副部长。对方问道：最近颇有消息说中国人的仇外情绪严重？戴、端二人答道：那是报纸上的不实之词。我们两国的大臣们真心实意地倡导友好，这种谣言自然会不攻自破了。

终于，经过长达半个世纪的隔阂之后，东西方开始有了真正意义上的沟通与交流。从此，彼此间才真正从陌生、敌视，到渐渐熟稔、接受，慢慢开始了彼此的接近、理解、调整和靠拢。

光绪三十二年五月二十一日（1906年7月12日），载泽一路人马回到上海；五月二十六日（7月17日），戴鸿慈、端方这一路考察团也抵达香港。

这次出洋，五大臣开了眼界。接下来，对于载泽、戴鸿慈等出洋五大臣来说，最要紧的事就是要照猫画虎，尽快说服朝廷，尽快实行立宪变法。

终于，七月十三日（9月1日），也就是五大臣出洋归来一个多月之后，在载泽等人的劝说下，清廷正式宣布预备立宪。但是，比起30多年前考察西方后立意变法的日本人，中国人则命运多舛。高层统治集团中罕有中西之学兼通者，更没有真心实意为清政府谋长远者，革命风暴已经山雨欲来，清政府已经没有从容改革与调整的时间了。

三、自掘坟墓的政治改革

光绪三十二年（1906年）七月，就在五大臣考察政治回国后不久，清政府召开了历史上重要的一次廷臣会议，参加者有醇亲王载沣、军机大臣、政务处大臣、大学士，以及当时的直隶总督北洋大臣袁世凯。在这次会议上，统治集团高层内部针对中国是否应采取立宪作为救亡图存、富国强兵之路，展开了一场公开的大论战。论战的结果是各方权衡利弊，共同确立了"预备立宪而不能遽立宪""立宪之事，既如是繁重，而程度之能及与否，又在必难之数，则不能不多留时日，为预备之地"[①]的立宪方针。

在统治集团高层内部对待立宪问题的这场论争中，既有利益一致的地方，也有分歧和冲突：其一，就缓行派和反对派来说，二者处于同一阵线，均是站在保守的立场来批评立宪运动，他们把积极推行立宪的人士视为共同的论敌。然而，在以何种方式来拯救中国的问题上，两个派别实际上存在着很大的分歧。缓行派并不否认西方文明在许多方面的优点，也不是盲目地仇外排外，他们不否认立宪政治对于西方各国的作用和功效，甚至在原则上也认为，西洋的立宪政体的"文明"程度均优于中国现行的专制政体，但由于"国民""国情"的不同，立宪只能待时机成熟之后以渐进的方式进行，而反对派则从传统守旧的立场坚决反对立宪，反对变更君主专制政体。虽然缓行派和反对派在对待政体的态度上完全不同，但对维护君主统治这一点来说，两者的根本利益是一致的。其二，就速行派和缓行派来说，两者虽然处于论敌的地位，但他们却有着共同的利益，在建立君主立宪政体这一点上两者是一致的，速行派主张立行君主立宪政体，而缓行派对君主立宪政体也不反对，两者的分歧在于立宪的具体实施步骤和

---

① 中国史学会主编：《辛亥革命》（四），上海人民出版社1981年版，第14页。

速度，即立宪的轻重缓急问题。速行派主张立即推行君主立宪，以顺应民心，从而实现救亡图存、富国强兵的目的；而缓行派则认为受国情所限，贸然立宪并不可取，只能渐进而行。其三，就速行派和反对派来说，两者在对君主国体的维护上并没有任何的冲突，两者的冲突就在于如何维护君主的统治。速行派主张以立宪实现君主的有效统治；而反对派则反对任何形式的立宪，固守传统的统治方式。

综观清政府内部的立宪论争，一方面在对待君主统治、维护君主政权方面可谓态度明朗，即君主统治不可动摇；另一方面，在对待立宪问题上又立场分明，速行派、缓行派和反对派针锋相对。这诚然与各政治势力代表的政治理念、思想方法有关，但在更大程度上还是反映了清政府内部各派对权力的需求。面对"固皇权""消内乱""弭外患"这一共同的主题，清政府内部各方政治势力相互博弈，其力量此消彼长，速行派和缓行派取得了妥协，反对派由于力量弱小，虽然最终被博弈出局，但他们也不是最终的输家，毕竟保留下来的君主制也是其竭力维护的，况且预备立宪模式也还是通过与确立了①。

光绪三十二年七月十三日（1906年9月1日），朝廷发布了仿行立宪的上谕。上谕在叙述了中国国势不振和各国富强的原因之后写道：

> 时处今日，惟有及时详晰甄核，仿行宪政，大权统于朝廷，庶政公诸舆论，以立国家万年有道之基。但目前规制未备，民智未开，若操切从事，涂饰空文，何以对国民而昭大信。故廓清积弊，明定责成，必从官制入手，亟应先将官制分别议定，次第更张，并将各项法律详慎厘订，而又广兴教育，清理财务，整饬武备，普设巡警，使绅民明悉国政，以预备立宪基础。著内外臣工，切实振兴，力求成效，俟数年后规模粗具，查看情形，参用各国成法，妥议立宪实行期限，再行宣布天下，视进步之迟速，

---

① 周叶中、江国华主编：《博弈与妥协——晚清预备立宪评论》，武汉大学出版社2010年版，第359—360页。

定期限之远近。①

这道上谕确立了实行立宪的基本国策，国家由此进入预备立宪时期，即由君主专制政治向资产阶级民主政治过渡的新时期。

过去，清政府曾把提倡君主立宪视为大逆不道，加以残酷镇压。而今上谕公开承认中国的君主专制的政治制度不如资产阶级民主政治优越，宣称必须"仿行宪政"，这对当时的清朝统治者来说，如果没有丝毫的诚意和决心，是决然办不到的。虽然这是被迫的、不自觉的，但不容否认，能承认这一点就表明执政者的思维并不僵化，也认为应该向先进国家看齐，向先进的制度学习。另一方面，作为治国理政者，当时的最高统治者也并没有立刻实施立宪派鼓噪的全盘西化的政治方案，而是决定从预备立宪开始，摸着石头过河，这说明最高统治者在做这一重大决策时的头脑是冷静的、理智的。上谕强调"大权统于朝廷，庶政公诸舆论"，说明执政者对政权的开放极为有限，准备采用日本预备立宪时期开明专制的老办法。上谕罗列的预备立宪的内容非止政治制度一端，企图把教育、财政、军事、巡警等一齐纳入近代化的轨道，雄心可谓不小。

客观而言，中国原有的政治制度与立宪国家有着根本的不同，广大民众也缺乏应有的政治觉悟、参政能力和法律文化素养，实行立宪有个过渡时期完全有必要。因此上谕没有确定立宪年限，只说"视进步之迟速，定期限之远近"，弹性很大。其所以说得如是含糊其词，一方面是因为大臣意见不统一，一方面是他们对这起破天荒的大事也确实没有任何把握，既担心"操切从事，涂饰空文"，无法向国民交代，又顾虑过于迟缓国民产生怨言，只好走一步看一步，过几年视情况再定。平心而论，确也有其不得已的苦衷。

然而，中外历史大量事实表明，政治改革是一柄双刃剑，实行时必须

① 故宫博物院明清档案部编：《清末筹备立宪档案史料》上册，中华书局1979年版，第44页。

慎之又慎。当时,经过八国联军侵华事件,清政府政治权威已经被大大削弱。不仅如此,在有着两千余年君主专制传统的国度骤然实行立宪,不仅国民一时适应不了,即使统治者本身也未必一时就能补成这门功课。

清末政治改革,是从官制改革是否实行责任内阁制开始的。

从历史上看,皇权与相权的矛盾是中国传统中央集权专制体制中一对最主要的矛盾。从法理上讲,专制之意就是将权力授予一人的一种治国方式,即国家的一切大事由君主一人裁决。但是国家之大,事情之多不是凭君主一人的精力来日理万机就能够解决了的,于是便有了"助理万机"的宰相的设置。但皇帝和宰相在分权的概念上是模糊的,虽也有权相将皇帝置于傀儡地位的事实,但从总的发展趋势上看,皇权是朝着扩大并膨胀的方向发展,相权则一步步缩小,到明清时,相权被公然视作君权的对立物从制度上加以消灭。皇权的不断强化虽然维护了皇帝对行政权的独揽和国家权力的统一,但却妨碍了大臣积极性与主动性的发挥,造成国家机器运转的迟缓和行政效率的低下,整个行政系统的活力因而大为下降。一句话,君权的膨胀必然导致相权的萎缩,并直接破坏国家政治体制的正常运行。

在专制政体下,集权与无权总是相伴而生。出使德国大臣杨晟在条陈官制大纲折中总结"无权"之害时写道:

天下之大,万几之繁,上达下逮,岂能无喉舌之司,笔撮关键之地。于是内阁之制起,而未尝有统摄指挥之能力,狡悍则百官趋附其私,暗弱则小人盗窃其后。即有英才奇俊,优荷宠任,而发一策,建一议,犹虑牵制百出,不得达其目的,竟其事功。而六部之对抗分立,各不相谋,但能自治其本部亦已幸矣,何暇谋及全体,统筹全局,政治之弊,于斯为极。[1]

---

[1] 故宫博物院明清档案部编:《清末筹备立宪档案史料》上册,中华书局1979年版,第394页。

弊极求治，而求治之途，就在于改变传统君权过于膨胀导致大臣尸位保禄、阘然伴食的僵化政治体制，使内阁有"统摄指挥之能力"，真正担负起行政中枢之责任。

在20世纪初年，中国已不可能向汉唐时的丞相制复归，也不可能回到明朝权力尚大的内阁制去。但是如何才能真正做出适合中国情况的政治体制改革，当时的各界人士并没有一个成熟具体的建议。他们只是主张效仿西方国家，建立近代意义上的责任内阁制度。

五大臣归国后，以建立责任内阁制度为核心的改革官制的呼声迅速高涨起来。光绪三十二年七月十四日（1906年9月2日），清廷下旨宣布进行官制改革。

然而，由于官制改革客观上涉及统治集团各阶层政治权力与利益的再分配，这场改革过程并不顺利。例如，当时传云官制改革要合并和裁撤都察院、礼部、吏部和翰林院。这样，不少官员将会丢掉饭碗，于是群起而攻之，形成一股强大的反对力量，竟有人言戊戌将见者。先是京朝士大夫皆以北洋权重，时有弹章。迨编纂官制馆设立之后，"议裁吏、礼两部，尤中当道之忌。自都察院以至各部或上奏，或驳议，指斥倡议立宪之人，甚至谓编纂各员谋为不轨……外间汹汹，恐酿大政变。至有身赍川资，预备届时出险者"。[①] 京中各衙门，无上无下，尽起而反对之。官制改革斗争之尖锐复杂已经发展达到了一个极端。特别应该注意的是，在这场官制改革中，统治集团上层形成了以奕劻、袁世凯、端方等人为一方的激进派以及以瞿鸿禨、载沣、铁良等为首的保守派。两派在改制方案上互不相让，斗争激烈。这使得本来就左右为难的慈禧太后更加为难，变法立宪是变革祖制的大事，一向专断的慈禧太后一面想保住满洲贵族的特权和自己的权力地位，另一方面对革命党汹汹之势却又不能不做出让步，以消弭革命，

---

① 张一麟著：《心太平室集》卷8，1947年印行，中国社会科学院近代史研究所藏，第38页。

为此竟然宵旰忧勤，以致废寝忘食，甚至吐露出了"我如此为难，真不如跳湖而死"的哀叹之语。最后，慈禧太后否定了袁世凯等人提出的责任内阁制的改制方案，通过《裁定奕劻等核拟中央各衙门官制谕》，在保留军机处职能的前提下模仿各国官制，对中央机关进行了裁并与增置，并确立三权分立原则以为预备立宪基础。

不过，清末预备立宪进程并未因此而中断。光绪三十四年（1908年），清政府在立宪派集团加速立宪的一片鼓噪声中，终于迈出了关键性的一步，颁布了《钦定宪法大纲》以及附属法《议院法选举法要领》，并规定了9年预备立宪的年限。对于这部宪法大纲，清政府寄予了很大的希望。上谕中特别提到：上自朝廷，下至臣庶，均守钦定宪法，以期永远率循，罔有逾越。

《钦定宪法大纲》取法东洋，以日本1889年颁布的《日本帝国宪法》为范本，二者在条文上有诸多相似甚至相同之处。然而，在君主权力方面，大纲规定的君主权力比日本明治宪法规定的君主权力更加广泛。如《钦定宪法大纲》"君上大权"中的"钦定颁行法律及发交议案之权"，君上有发交议案的权力；而在明治宪法中，规定由两议院提出法律草案，天皇只是"裁可法律，命公布及执行"，并无发交议案之权。大纲与明治宪法都有关于设官制禄之权的规定，但前者明确的是"议院不得干预"，强调的是皇上权力的不得干涉；后者规定的是"但本宪法及它法律载有特例者，各依该条项"，蕴含着天皇权力受某些法律的限制。大纲中的君上有"宣告戒严之权"，但是当情况紧急时，"得以诏令限制臣民之自由"；而在明治宪法中"戒严之要件及效力，以法律规定"，由此看来，大纲中的戒严权由君上依其意志而定而不受任何限制。在经费的使用上，大纲规定，皇室经费"议院不得置议"；而在明治宪法中，在经费增加的情况下，要有议会的"协赞"。由此可见，在对君主的权力规定上，《钦定宪法大纲》要比明治宪法广泛得多，君上享有更加广泛的权力。

　　在臣民的权利义务方面，《钦定宪法大纲》中所规定的臣民权利相对于明治宪法而言，则要小与少得多。如明治宪法中的移徙自由（第22条）、书信秘密受保护（第26条）、信教自由（第28条）及请愿权利（第30条），在《钦定宪法大纲》中均未涉及，这并非是借鉴上的疏漏。相反，关于臣民的守法和纳税义务，在日本的明治宪法中没有涉及，但在大纲中却有明确的规定。

　　但不管怎样说，《钦定宪法大纲》是清政府在内忧外患的境况下为救亡图存、富国强兵而制定的变政大法，大纲作为对日本明治宪法的仿效，只是有所侧重地进行选择，对体现近代宪政精神的条款和内容并没有完全引进，这不能不说是大纲的先天不足，这也从另一方面说明了当时中国守旧派势力的强大，以及数千年中国专制政治文化深厚积淀的影响。统治者既想通过变法实现转弱为强的目标，又想力图最大限度地维护君主权力，这反而为君权最后的彻底崩溃埋下了伏笔。

　　日本通过移植德国宪政走向强盛，而中国移植日本的宪政却最终没能成功，究其原因，法律的移植要受当时诸多方面因素的影响，而不是单纯的文本模仿所能解决的。但不管怎样说，《钦定宪法大纲》是清政府预备立宪的一个重大成果，是晚清各方政治势力互相博弈、相互妥协的产物。中国传统政治文化，特别是法文化在西方宪政思潮的冲击下，历经痛苦的蜕变，终于使得西方政治文明在强大的帝制禁锢中透出一丝曙光，获得了一片自由的天地，这是前所未有的事情。大纲作为根植于中国传统文化上的反映西方宪政文明的成果，从其产生的那一天起，就一直饱受批评和指责。它不是正式的宪法，也没有法律效力，更谈不上正式实施，其地位似乎不足为道。然而，《钦定宪法大纲》作为中国近代宪政实践的起点，在数千年的中华文明史上，却占有极其重要的一席之地。它真正的积极意义在于首次把君主权力纳入到了制度化的轨道之中，这种尝试前所未有。从中国近代政治制度、法律制度等方面来看，它无疑开启了中国政治制度现代化的先河。

四、得失之小结

在立宪派与众权要的推动下，清廷终于在立宪问题上点了头。应该说，清廷同意出洋考察政治之举是由多种因素促成的，既有内因，也有外因。外因为日俄战争的刺激和国家、民族危机的严重。清廷鉴于列强环伺，情见势绌，推日胜俄败之故，乃悟专制政治之结果，国虽大无当。内则因为革命运动的不断高涨、臣僚的奏请、立宪派的呼吁和策动。直接出面奏请的是疆臣，在后面推动却是立宪派，舆论既盛，朝议亦不能不为之转移。没有立宪派的强烈呼吁和积极策动，就不会有疆臣们的连续奏请，即使有个别人如孙宝琦的上奏，也不会为朝廷所重视。因此，从根本上来说，促成朝廷派员出洋考察政治的原动力是国内立宪派。千里之堤，溃于蚁穴。政治体制改革，使得清政府将自己的弱点、缺点掩饰不住地完全暴露在全国民众的眼前，这是清政府迅速丧失民心的一个重要原因。因为政治体制改革的启动，立宪派、地方督抚要求扩大权力的欲望不断膨胀，最终，在立宪派、袁世凯集团、地方督抚、皇族亲贵、革命党各方的利益博弈中，清廷最终失去了统治的能力，清王朝的大厦很快就轰然倒塌。

清末政治体制改革的教训是巨大的。

问题主要发生在光绪三十一年（1905年）以后，及至清亡，不过数年的时间。在此短短的数年间，在立宪派的鼓动下，清政府先后派考察团出国学习与了解西政，进而在中央与地方推行官制改革，在各省建立谘议局并创办地方自治，颁布《钦定宪法大纲》等一系列重要宪法性文件，先后建立资政院与设立责任内阁，逐步推行政治体制改革，允许民间组织合法政党等，应该说是表现了相当的诚意，也取得了一定的成效。但由于政治改革过急过快，牵涉到帝制中国向民族国家与宪政国家转型过程中太多太复杂的问题，加上利益集团各方的政治、经济等利益无法协调以及西方政治模式的水土不服等因素，政体改革对稳定统治非但无效，相反倒适足加速了清政府灭亡的步伐。

第七章　慈禧晚年的高层人事架构

一、着眼长远，潜移默化安排身后事

戊戌政变后，慈禧太后与光绪皇帝实际上已不能再像往日那样相容。慈禧太后甚至动了废黜光绪皇帝的心思，只是因为列强与地方督抚的反对才不得已暂时停下手来。但是，慈禧太后一旦决定了的事，是轻易不会改变的。最后，经过再三权衡，她用荣禄的主意，立大阿哥溥儁，以准备待时机成熟后取代自己不喜欢的光绪皇帝。因为这场变故，最终招来了八国联军侵华事件，慈禧太后为此付出了流亡西安、宗社差一点就被颠覆的沉重代价。痛定思痛之后，在即将起銮回京之时，慈禧太后就已经定下了新接班人的大计。

光绪二十七年（1901年）十月，在回銮途中的开封，慈禧即按预定计划废黜溥儁的大阿哥身份，立刻逐他出宫。十一月，趁在保定暂住的机会，慈禧太后突然向载沣宣布了指定他同荣禄的女儿瓜尔佳氏结婚的懿旨。

　　当时，据外电传说：光绪皇帝年已三十，结婚多年并无子嗣，而且体弱多病，因此，慈禧太后与光绪皇帝都在为将来皇位的继承问题而困扰。他们让载沣完婚，生子以继承帝位。

　　我们如今难以找到档案材料来证明当时外间所传慈禧太后让载沣结婚，是慈禧早已拿定的主意。但外面所传慈禧让载沣结婚是与皇室继承人问题有关，这绝不是无稽之谈。可以肯定的是，慈禧指定载沣与她的宠臣荣禄的女儿结婚，这绝不是一时兴起，而是经过深思熟虑的。

　　瓜尔佳氏是荣禄的女儿，据说长相相当漂亮，在家中十分受宠。她长期随侍在慈禧身旁，深受这位以严苛著称的大清掌舵人的喜爱，还被慈禧收为义女。慈禧曾说过："这姑娘连我也不怕。"语气中毫无责备却满带怜爱，可见二人的关系非同一般。

　　慈禧太后这次指婚，"当然首先是为了酬功"①。载沣当时已经承袭醇亲王的爵位，瓜尔佳氏一过门就是一个现成的王爷福晋，这对于勋旧重臣荣禄来说，无疑是一种报答。不过，如果仅仅是为了酬功，老太后大可将荣禄之女指配给其他宗室。但作为一位成熟的政治家，慈禧太后或许设想得更远。既然不想将身后事托付给自己不放心的光绪皇帝，那么就应当早做决断。尤其是经过庚子之变，慈禧太后也知道光绪皇帝这个名号轻易动不得，于是索性在皇亲国戚中寻找下一代继承人，这本是情理中的事。可环顾四周，宗室后辈乏人。载沣为光绪皇帝兄弟，其子继位不会引起臣民们的疑虑。尤其是载沣性格谨慎听话，颇合慈禧心意。瓜尔佳氏又是自己亲眼看着长大的义女，让二人结合，慈禧无疑也最放心。因此，为载沣择偶，从某种意义上讲，就是为今后新皇帝择母。很可能在流亡西安期间，慈禧太后就已经拿定了这个主意。

　　正因为如此，光绪二十六年（1900年），慈禧太后开始起用载沣，命

① ［澳］雪珥著：《国运1909——清帝国的改革突围》，陕西师范大学出版社2010年版，第14页。

他为内廷行走。光绪二十七年（1901年）春又任命载沣为阅兵大臣。随后让他管理厢红旗觉罗事务。同年夏，慈禧又命载沣为正蓝旗总族长。接着，又让他出使德国。光绪二十九年（1903年），载沣刚满20岁，就被任命为随扈大臣。光绪三十二年（1906年）受命管理对守卫京师负有重要责任的键锐营事务，同年秋又升任正红旗满洲都统。光绪三十三年（1907年），即让刚刚24岁的载沣在军机大臣上学习行走。[1]这样，在条件已经成熟的情况下，到光绪三十四年（1908年）光绪皇帝与慈禧太后先后病危之时，慈禧太后一语定乾坤，选定载沣之子溥仪，作为新的皇权继承人入承大统。

由此可见，从庚子年流亡期间甚至更远一段时间内，在未来接替光绪皇帝的人选上，慈禧太后就已经在运筹帷幄了。

二、新一轮高层人事架构

清入关以前，满洲贵族就非常重视与汉人官僚的联盟。努尔哈赤、皇太极在发展过程中十分注重笼络有才干的汉人。在汉人文官方面，有范文程、洪承畴等人为清政权的统一出谋划策；武将方面，有耿精忠、尚可喜、孔有德、吴三桂等人，为清政权驰骋疆场。这是清王朝满汉高层最初合作的雏形。

事实已经证明，在清统一全国的过程中，加强满汉合作、重用汉族官僚成为满洲贵族能够步步取胜，最后得以定鼎中原的一个重要原因。

清定鼎中原后，康熙、雍正、乾隆、嘉庆、道光各朝，统治者继续重视高层满汉合作，重用汉族官僚，这是康乾盛世得以出现的一个重要因素。

历史进入咸丰朝，民间大规模的反清运动——太平天国运动爆发。清

[1]　凌冰著：《最后的摄政王——载沣传》，文化艺术出版社2006年版，第13、29页。

王朝的经制军八旗、绿营在这场战争中消耗殆尽，清政权一时处于风雨飘摇中。由于统治者高层满人肃顺、奕訢与以曾国藩为首的汉人官僚联手合作，清王朝才得以在这场长达14年的内战中转危为安。

光绪二十六年（1900年）庚子事变，因为义和团运动与八国联军侵华，清王朝再一次面临土崩瓦解的严重危机，又是因为汉族大臣李鸿章、刘坤一、张之洞、袁世凯与满洲贵族荣禄、奕劻等人的联合应对，清王朝才得以在这场事变中再一次渡过严重的统治危机。

历史进入清末10年，从庚子事变到宣统元年（1909年）这一段时期，上层统治阶层内部出现新老交替的严重断层。这种自然变故，严重地影响到了清政权运作的实际效能。清王朝政治中心的权威资源与治理能力由于高层满汉关系迅速变动的原因而急剧流失，这就使中央政权在辛亥革命中丧失了对时局的控制能力而迅速走向灭亡。

这种政治断层现象早在庚子事变以后不久就开始出现。

李鸿章卒于光绪二十七年（1901年）；

刘坤一卒于光绪二十八年（1902年）；

荣禄卒于光绪二十九年（1903年）；

王文韶卒于光绪三十四年（1908年）；

张之洞卒于宣统元年（1909年）；

戴鸿慈、鹿传霖与孙家鼐也在宣统二年（1910年）相继离世。

李鸿章、刘坤一等人都是在同治中兴时代就进入统治集团上层的颇具时望的汉族重臣，他们在为清王朝效忠的数十年中，积聚了雄厚的政治权威资源。他们对这一王朝的价值在于：一方面，他们深得最高统治者慈禧太后的充分信任，忠心耿耿，久经历练，与满洲统治者建立了相当牢固的政治合作关系；另一方面，他们又在汉族士绅中享有很高的威信。由于他们的存在以及政治影响力，使清政权至少在汉族地主士绅阶层中尚享有相当的权威合法性。另外，像奕訢、荣禄这样一些富有经验的满洲官僚，长期以来与汉族士绅上层也建立了相当密切的合作关系，他们与刘、李、张一样是维系汉族士绅与满洲统治者之间联盟关系的重要纽带。

随着同治时期建立起来的上述一批较为牢固的满汉合作关系的老一代政治人物的相继谢世，调和这两者之间矛盾的有影响力的重臣、官僚就越来越少。这批人物离开政治舞台以后，清王朝的统治高层中失去了一批可以对各种政治势力进行平衡并可以在日益尖锐的满汉矛盾方面起到缓冲作用的中流砥柱。

面对此种现状，光绪末年，饱经风尘的慈禧太后深感忧虑，在哀叹老成凋谢的同时，这位久经忧患且颇富有统治经验的铁腕人物不得不重新精心设计新的高层人事权力结构。在构建统治者高层新一轮满汉权力结构这一问题上，慈禧太后可谓绞尽了脑汁。

（一）以奕劻主掌中枢行政大权

慈禧太后的第一着棋就是在荣禄死后，果断起用庆亲王奕劻为领班军机大臣，主持大清国政府日常工作。

奕劻（1838—1917），满洲贵族，爱新觉罗氏。乾隆帝第十七子永璘之孙。自幼过继庆郡王绵慜为嗣。道光三十年（1850年）袭封辅国将军。后历封贝子、贝勒。光绪十年（1884年），奕劻得以进封庆郡王。慈禧太后罢斥恭亲王奕訢，他因缘接任总理各国事务衙门大臣，从此主持大清国外交工作直至清亡。光绪十一年（1885年）清政府设立海军衙门，他受命会同醇亲王奕𫍽办理海军事务。光绪二十年（1894年），奕劻晋封庆亲王，权位渐崇，在其后的帝后党争中是太后一边的人物。光绪二十六年（1900年），八国联军入侵北京，慈禧太后与光绪帝逃往西安，奕劻临危受命，留京与李鸿章同任全权大臣，与列强各国谈判议和，在维护慈禧太后上与列强颇费口舌。次年，他代表清政府签订《辛丑条约》。光绪二十七年（1901年）总理各国事务衙门改为外务部后，他仍任外务部管部大臣。光绪二十九年（1903年），荣禄病死，慈禧用奕劻入军机处任领班军机大臣，旋又授命他管理财政处、练兵处等事务，一时集内外大权于一身。

奕劻因为慈禧太后的倚重而在清末期国内外皆享有很高的知名度。遍查当时的西方报纸，Prince Ching（当时"庆亲王"的普遍翻译）的曝光度仅次于李鸿章、袁世凯和慈禧太后，成为清末政坛上的一个极其关键的人物。

奕劻虽为慈禧太后重用，但他为人贪鄙，持重有余而开拓不足，与其子载振、大臣那桐卖官鬻爵，被时人讥为"庆那公司"。光绪三十年（1904年），御史蒋式瑆奏劾他任军机大臣以来，"细大不捐，门庭如市"，"异常挥霍尚能积蓄巨款"，在英商汇丰银行存入120万两私产。光绪三十三年（1907年），御史赵启霖再次奏参他为段芝贵谋黑龙江巡抚职，受贿10万两，其子载振并纳段芝贵所献歌妓杨翠喜。终因奕劻得慈禧太后宠信，此两参案最终都不了了之。

奕劻初主军机时，袁世凯就刻意加以攀附与笼络，加上二人在利益方面相互借重，最终庆袁二人结党，形成了主宰光宣朝局的庆袁势力。

（二）用袁世凯练兵，重新培植清王朝的国家机器

庚子事变中，武卫军[①]五大主力，除袁世凯的武卫右军外，全部在这场战争中溃散。回銮后，面对清王朝的统治机器亟需重建的现实，慈禧太后将这个重任寄托在了袁世凯的身上。

戊戌政变后，西太后对袁世凯一方面是十分重视的，几年功夫把他由直隶按察使、山东巡抚提到直隶总督、外务部尚书，恩遇之隆，汉族大臣中过去只有曾、胡、左、李才数得上。[②]

李鸿章去世后，慈禧太后扶植袁世凯，希望袁世凯能够像曾国藩、李鸿章那样，形成一个能够为清王朝统治尽心尽力的汉族官僚集团。由于得

---

① 甲午战后，清政府在建立新建陆军的同时，将当时存留的军事力量重新建制，合编为武卫军。分左中右前后五军，以荣禄为统帅。

② 爱新觉罗·溥仪著：《我的前半生》，群众出版社1964年版，第19页。

到慈禧太后的扶植与卵翼，袁世凯不仅升任直隶总督成为疆臣领袖，而且还身兼北洋大臣、参预政务大臣、会办练兵事务大臣、办理京旗练兵大臣、督办电政大臣、督办山海关内外铁路大臣、督办津镇铁路大臣、督办京汉铁路大臣、会议商约大臣等多项重要职务，权倾中外，很快形成了以他为首的北洋军事官僚集团。

庚子事变后，清王朝在政治、经济、军事等各方面的衰败已无可掩饰地暴露出来。清政府为了保住自己的统治地位，开始逐步实行国策的转移，先从军事、经济改革入手，真正迈开了新政的步伐，冀望以此来实现王朝的自救。

对于这次新政，许多官吏鉴于戊戌变法的教训，一开始都表现得不太积极。然而袁世凯敏锐地察觉到，王朝衰微，党人排满运动日益高涨，如不谋求新的对策，清王朝很难再继续维持其统治。只有抓住时机，努力推进各方面的革新，才是攫取更大权力的最佳办法。正因为这样，袁世凯不仅在山东时期就积极联络当时负有声望的地方督抚刘坤一、张之洞等人努力促成清廷举办新政，而且在整个新政期间，他还以激进者的面孔出现，不仅为推行新政出谋划策，并且在直隶身体力行，将新政事业办得卓有成效。

编练新军创建北洋六镇，是清末新政的重要内容，也是袁世凯最热衷的改革。从光绪二十七年（1901年）到光绪三十一年（1905年），袁世凯完成了北洋新军六镇的编练工作。北洋新军在全国各省新军中人数最多，官兵达7万之众，而且它的武器装备最先进，训练也相当正规，可以说是当时中国最强大的一支近代化武装力量。更重要的是，在扩编六镇的过程中，已经形成了以袁世凯为中心的比较完整的北洋派系。

更重要的是，在袁世凯的努力下，主持军机处工作的庆亲王奕劻与袁世凯结为一党，"爪牙布于肘腋"，"腹心置于朝列"，"党援置于枢要"，[1]把

---

① 张国淦：《北洋军阀的起源》，杜春和、林斌生、丘权政编：《北洋军阀史料选辑》（上），中国社会科学出版社1981年版，第42页。

持着从中央到地方的许多重要部门的职位，形成了一枝独秀足以左右朝局的权力格局。

在培植庆袁势力的同时，慈禧太后也拔擢重用瞿鸿禨、岑春煊等汉族官僚。瞿鸿禨被重用为军机大臣，岑春煊则拔擢为两广总督。慈禧太后希望通过这样的办法，让他们与庆王、袁世凯在权力问题上达成平衡。

经过慈禧太后的努力，从光绪二十九年（1903年）到光绪三十三年（1907年），逐渐形成了清亡前夕统治者高层权力新格局。这个权力格局分为四大政治势力：以袁世凯、奕劻为代表的庆袁势力；以瞿鸿禨、岑春煊为代表的清流势力；以张之洞、鹿传霖、王文韶、孙家鼐等为代表的老派势力；以载沣、铁良为代表的少壮亲贵势力。在这四种政治势力中，老派的政治态度不甚明朗，为骑墙派。清流、亲贵两派则联合组成反庆袁阵营，在慈禧太后的操纵下，互相制约。

从满汉高层合作关系来说，这种权力格局则集中表现为庆亲王奕劻、醇亲王载沣、满人端方、那桐与汉族重臣袁世凯、张之洞、瞿鸿禨、岑春煊等人的合作上，其核心表现为庆袁合流形成一支强大的政治力量操纵朝局，其形式表现为满洲贵族必须依靠汉族官僚袁世凯集团才能维持统治的状况。尽管这种合作关系经过清末数次政潮的冲击有所变化，已经十分的脆弱，但它仍然是清朝统治者维系统治的一个重要法宝。这个新满汉高层关系的维系好坏，直接关系到了清王朝的生死存亡。

三、奕劻、袁世凯结党

庆亲王奕劻与袁世凯二人的结党始于光绪二十九年（1903年）。二人初期接纳的方式也不免晚清官场的那种俗套，即以金钱为桥梁、以利益为动力。在晚清社会，没有现代的法制和规章，儒家的道德破灭了，新的道德理念还没有树立起来。一切作为都要靠所谓的人情和金钱关系才能进行。

当时，官场的腐败现象已经日趋表面化，卖官鬻爵、行贿受贿现象屡见不鲜，"银子"铺路已成为官场进取者必具的手段之一。袁世凯统率军队，靠的是私恩而非以民族精神为凝聚力。同样，他搞政治，也是在交际请客、联络接纳和奔走趋奉上下功夫。他无意在世风日下、吏治腐败的社会中扮演自命清高一介不取的清流角色，而恰是在这样一个腐败的社会中，一个道德上的宵小之辈才能够在历次政海波涛之中事著先鞭，摇而不坠。

袁世凯在多年的宦海实践中早已掌握了这种生存技能。他深知权力往往同利益与利害连在一起，有权力即有金钱，利用金钱又可以换取更大的权力。官官相护，互相利用是官场上的根本法则。因此，在发挥"金钱效应"与奔走联络上，袁世凯无所不用其极。

同样的道理，奕劻虽贵为"铁帽子王"，权势重为领班军机大臣、练兵大臣，但因早年穷困的经历所造成的心理上的不安全感以及多年宦海生涯丰富的阅历，他也成为一个地道的实用主义者，同样不能免"名利"之俗。

据刘厚生在《张謇传记》中记载：

光绪二十九年癸卯以前，袁世凯所最注意的，仅仅是一个荣禄。其时庆王为外务部领袖，亦居重要地位，而世凯之所馈赠，并不能满庆王之欲。庆王曾对人发牢骚说："袁慰亭只认得荣仲华，瞧不起咱们的。"但荣禄自辛丑回銮之后，体弱多病，时常请假，后因久病，竟不能入值，屡次奏请开缺，而那拉氏不许。但照病势推算，恐怕不能久于人世。于是庆王有入军机的消息，为袁世凯所闻，即派其办事能手杨士琦赍银十万两送给庆王。庆王见了十万两银子的一张银号的票子，初疑为眼花，仔细一看，可不是十万两吗？就对杨士琦说："慰亭太费事了，我怎么能收他的？"杨士琦回答得很巧妙，他说："袁宫保知道王爷不久必入军机，在军机处办事的人，每天都得进宫侍候老佛爷，而老佛爷左右许多太监们，一定向王爷道喜讨赏，这一笔费用，也就可观。所以，这些微数目，不过作为王爷到任时零用而已，以后还得特别报效。"庆王听了就不再客气。不多几时，荣禄死了，庆王继任。入军机之后，杨士琦话说得并不含糊，月有月规，节有节规，年有年规，遇有庆王及福晋的生日，唱戏请客及一切费用，甚至庆王的儿子成婚、格格出嫁、庆王的孙子弥月周岁，所需开支，都由袁世凯预先布置，不费王府一钱。①

袁世凯先后向奕劻行贿多少，这是无法统计的。但有一点可以肯定，即袁世凯向奕劻行贿的数目是巨大的。奕劻代替荣禄主持军机处工作仅一年，就发生了御史弹劾奕劻案。此案说明了奕劻受贿数额的巨大，也从反面证实了袁世凯的出手大方。

以金钱为桥梁，袁世凯接通了奕劻这一中央政府中的领班人物。他在奕劻身上下注的巨额本钱，自然也得到了相应的回报。由于有袁世凯金钱的关系，加上袁世凯在疆臣领袖中的地位，奕劻对袁世凯是有求必应，言听计从，袁世凯向奕劻推荐的官员大都得到了重用。有时，奕劻甚至主动让袁世凯推荐人才。所以"弄到后来，庆王遇有重要事件，及简放外省督抚、藩臬，必先就商于世凯，表面上说请他保举人材，实际上就是银子在那里说话而已"。②

《凌霄一士随笔》中这样写道："西后惟一宠臣荣禄死后，奕劻代为军机领袖，权势日盛。其人庸碌而好货，袁世凯倾心结纳，馈遗甚丰，并与其子载振结昆弟交，奕劻奉为谋主，甘居傀儡。庆袁之交既固，世凯遂遥制朝政，为有清一代权力最伟之直隶总督焉。东三省实行省制，主之者世凯，意在扩张势力，所谓大北洋主义也。丁未（1907年）三月，徐世昌简东三省总督，并授为钦差大臣，兼三省将军，地位冠于各督。奉、吉、黑三省巡抚则唐绍仪、朱家宝、段芝贵。四人皆出袁荐，东陲天府，悉为北

---

① 刘厚生著：《张謇传记》，上海书店1985年版，第128页。
② 刘厚生著：《张謇传记》，上海书店1985年版，第128页。

洋附庸，固见世凯后眷之隆。而奕劻之为袁尽力，自尤匪鲜。"①

实际上，庆袁结党，重点不在袁世凯贿赂奕劻，问题亦不在奕劻接受袁世凯的馈赠上，根本点在二人相互利用操纵朝政上面。

在清末新政中，庆亲王奕劻与直隶总督袁世凯一为朝廷枢臣中领班，一为地方督抚的领袖。他们二人联袂，内外下手，"共达政治进行之目的"②。

（一）在推动五大臣出国考察方面起到了重要的作用

袁世凯在直隶的势力扶摇直上之时，清政府却面临着来自两方面的严重挑战：以孙中山为首的革命党人多次发动武装起义，企图推翻清政府建立民国政权；国内立宪派集团随着自己经济势力的壮大也不再甘心像往日那样生活下去，希望通过比较稳健的手段在清政府内部推行有利于资本主义发展的变革，进而从体制外走进体制内，获取渴望已久的权力。他们鉴于袁世凯在新政中的非凡政绩及其在当时国内政坛上的地位，在立宪浪潮一开始就迫不及待地吁请袁世凯出山，认为他是代表民族资产阶级利益的最合适的干将。

此时，袁世凯也审时度势，感到权力转换的大好时机已经到来。

他一方面对资产阶级工商业者的拥戴表示接受，另一方面"奏请简派权贵，分赴各国，考察政治，以为改政张本"。在袁世凯的建议下，"枢臣懿亲，亦稍稍有持其说者"。③"商派员考察政治事"，"商遣使考察政治"。④

---

① 徐凌霄、徐一士著：《凌霄一士随笔》（二），山西古籍出版社1997年版，第576—577页。

② ［日］佐藤铁治郎著：《一个日本记者笔下的袁世凯》，天津古籍出版社2005年版，第186页。

③ 《立宪纪闻》，中国史学会主编：《辛亥革命》（四），上海人民出版社2000年版，第12页。

④ 《荣庆日记》，西北大学出版社1986年版，第84、85页。

在奕劻与袁世凯的共同努力下，慈禧太后接受了他们的建议，决定派出以载泽为首的五大臣出洋考察政治。

从此，中国政治制度的近代化，即由纯粹的封建专制政治向资产阶级民主政治过渡的序幕真正拉开了。

（二）在宪政编查馆建设方面起到了很大的作用

宪政编查馆是清末预备立宪期间在中央设立的一个专门负责宪政改革的临时机构，其前身是考察政治馆。

光绪三十三年七月初五日（1907年8月13日），庆亲王奕劻奏请，"将考察政治馆改为宪政编查馆，以便切实开办"[①]，同日，慈禧太后同意奕劻的奏请，将考察政治馆著即改为宪政编查馆。[②]

宪政编查馆在庆亲王奕劻的直接领导下，在袁世凯的帮助下，网罗了一大批留学归国的法政学生和积极主张立宪的代表人物，如杨度、孙宝琦、吴廷燮、金邦平、陆宗舆、章宗祥、张一麟等人，在清末预备立宪运动中发挥了重要的作用。

（三）共同设计清末官制改革方案

光绪三十二年（1906年），出使各国考察政治大臣载泽、端方、戴鸿慈等人先后回国，向清廷汇报考察情形，奏请改订全国官制，以为立宪预备。慈禧太后经过慎重考虑，发布上谕派员编纂官制，袁世凯、徐世昌等人被列为编制大臣，庆亲王奕劻则是"总司核定"的三人之一。

庆亲王奕劻身为王室宗亲，又位在朝臣之首，掌核定之权自然名正言

---

① 《庆亲王奕劻等奏请改政治考察馆为宪政编查馆折》（光绪三十三年七月初五日），故宫博物院明清档案部编：《清末筹备立宪档案史料》（上），中华书局1979年版，第45页。

② 《政治考察馆为宪政编查馆谕》（光绪三十三年七月初五日），故宫博物院明清档案部编：《清末筹备立宪档案史料》（上），中华书局1979年版，第45—46页。

顺。值得注意的是编制大臣中只有袁世凯一人为地方督抚，而同是封疆大吏的张之洞、端方、岑春煊等却只能是选派司道大员来京，随同参议，从中不难看出袁氏在两宫眼中的特殊地位。

陶湘在《齐东野语》中谈到袁世凯入京背景时说："本初（袁世凯）素来手段尚专制，午公（端方）性实守旧，泽（载泽）在青年，李（李盛铎，是出洋考察宪政五大臣之一）眷甚微，戴（戴鸿慈，是出洋考察宪政五大臣之一）、尚（尚其亨，是出洋考察宪政五大臣之一）固无论也。中央各领袖者毫无成见，成北（徐世昌）善事周旋，善化（瞿鸿禨）乃见机之流，定兴（王文韶）安于聋聩，荣（荣庆）、铁（铁良）守旧，而铁则铮铮。所以上下均以立宪持议者，实为上年炸弹所逼，况目今排满之横议频兴，始说立宪以息浮议……当端、泽等将回之际，众心共有一更变之举动，深勒脑筋，报纸持议尤甚。近年来，内廷阅报，意亦游移。后来端等先后回华，莫不以变法敷陈，持论痛切，两宫动容。向来疑难之事多取决于本初，荣、铁先期发电，请本初平议。讵意本初尚新更甚，两宫更无主意。"[①]本初指袁世凯，荣指荣庆，铁为铁良。

从上面这段话中我们可以看出：

第一，两宫对于变法问题犹豫不定，一无主意。变法立宪是变革祖制的大事，一向专断的慈禧太后一方面想保住满洲贵族的特权和自己的地位，另一方面对革命党汹汹之势却又不能不做出让步，以消弭革命。

第二，袁世凯确实是朝野上下举足轻重的人物，所谓"疑难之事多取决于本初"，甚至权势如荣庆、铁良者也需要事先探听一下他的口气。显然，在这一次变革官制的活动中，袁世凯的行动也势必会影响到清廷的决策。

胡思敬在《大盗窃国记》中说："孝钦自西巡后，不敢坚持国事，见

---

①　陈旭麓等主编：《辛亥革命前后——盛宣怀档案资料选辑一》，上海人民出版社1979年版，第28页。

五大臣疏踌躇莫决，急召世凯入商。"①

正是在这种形势下，袁世凯踌躇满志地来到了北京。

陶湘在谈到袁世凯入京的背景时又说："当七月初以前，京津秘使往来甚繁，本初向来大权独揽，所发莫不中的。今'立宪'二字，上既动摇，以为此种好机会，略一布置，即可成功。在津即预计到京后如何入手，如何改官制。官制改，则事权亦更，数百年之密网，一旦可以廓除。意中自许如此，手下人等莫不相许如此，枢府亦料彼必如此，领袖更随声附和，报纸又竭力怂恿，惟恐彼不如此。不过报纸之意见与彼之心迹相背耳。"②建立责任内阁，已有戴鸿慈、端方等人鼓吹于前，而各地报纸更是"竞力怂恿"。依靠舆论之力，加上奕劻的支持，端方等的响应，本来就大权独揽的袁世凯更是"气概如虹""主张最多"，而"全案皆其一手起草"。③

然而九月二十日（11月6日）奏折批下，结果大出庆、袁意料之外。旨云："军机处为行政总汇，雍正年间本由内阁分设，取其近接内庭，每日入值承旨，办事较为密速，相承至今，尚无流弊，自毋庸复改。内阁军机处一切规制，著照旧行，其各部尚书均著充参预政务大臣，轮班值日，听候召对。"④

仅备顾问的军机处与君主有着直接的关系。军机不去，君权难削；而总理大臣不设，内阁也就依然有名无实。然而，上谕以"尚无流弊""著照旧行"，如此就将袁世凯、奕劻的设计全盘推翻了。这显然是慈禧太后洞悉了庆袁野心而变更主意的结果。

---

① 胡思敬：《大盗窃国记》，《退庐全集》，文海出版社1970年版，第1353页。

② 陈旭麓等主编：《辛亥革命前后——盛宣怀档案资料选辑之一》，上海人民出版社1979年版，第28页。

③ 张国淦著：《北洋军阀的起源》，《北洋军阀史料选辑》（上），中国社会科学出版社1981年版，第61页。

④ 《裁定奕劻等覆拟中央各衙门官制谕》，故宫博物院明清档案部编：《清末筹备立宪档案史料》（上），中华书局1979年版，第471页。

（四）在编练新军方面持共同立场

庚子以后，清政府极力编练新军，在中央特设练兵处，以庆亲王奕劻为总理、袁世凯为会办。练兵处主要办理全国练兵筹饷事。对于袁世凯选将练兵，奕劻基本上做到了言听计从，从人事、财政等方面全力支持，这是清末袁世凯得以顺利练成北洋六镇的一个重要原因。

与袁世凯同时代的日人佐藤铁治郎著述说：庆亲王奕劻"自回銮后得晤袁世凯，一见倾心，深相接纳，如胶似漆。遇事则袁谋于外，庆应于内"。[1]历史事实确实如此，内外调护构成了庆袁合流的主要基础。

这样，从光绪二十七年（1901年）到光绪三十三年（1907年），时任直隶总督兼北洋大臣的袁世凯，继承曾、李衣钵，拥有北洋六镇新军，成为曾国藩、李鸿章之后清王朝依赖的主要支柱，在中央与奕劻"深与结纳，为其谋主，于是北洋遥制朝政"[2]。

四、得失之小结

晚清的政治变化显示出这样一条规律：满汉矛盾是清末高层政争的一个焦点。依赖汉人实力派支持，是满人贵族政权能够得以维系的一个重要法宝，满汉关系，尤其是高层统治集团对满汉关系处理的好坏，直接影响到这个王朝的存亡。

历史进入晚清，有三次重大事件瓦解与葬送了清王朝的统治，即太平天国运动、庚子事变与辛亥革命。太平天国运动摧毁了清王朝多年来依靠

---

① ［日］佐藤铁治郎著：《一个日本记者笔下的袁世凯》，天津古籍出版社2005年版，第185页。

② 张国淦著：《北洋军阀的起源》，《北洋军阀史料选辑》（上），中国社会科学出版社1981年版，第54页。

的武装力量——八旗与绿营，满人贵族只是因为依赖了曾国藩集团的支撑，才得以渡过了统治危机，但已形成军政、财政下移地方督抚的局面。庚子年间八国联军的侵华战争差一点就导致清王朝宗社的倾覆，满人贵族又是因为依赖了李鸿章、刘坤一、张之洞、袁世凯等汉人督抚的支撑，才得以再一次转危为安。对于清王朝的统治者来说，其在辛亥革命中就没有那么幸运了，因为高层满汉合作极度缺乏信任与平等，地方督抚、立宪派与袁世凯集团相继背叛，最终导致了这个虚弱已极的王朝十分窝囊地退出了中国政治的舞台。

　　光绪末年，慈禧太后面对中央政府高层人事凋谢、皇权无合适继承人的双重残酷现实，强打精神重建中央政府人事班底。主要做法是：第一，重用年轻的醇亲王载沣，让载沣逐渐监管皇权，并让他与荣禄之女结婚，准备用其子来作为未来的皇储。第二，培植袁世凯集团，希望它能像曾国藩集团、李鸿章集团那样在危难时刻来为清政权保驾护航。第三，慈禧的计划是在她身后新一轮的统治集团中，载沣管理皇权，奕劻管理政府，袁世凯则为清政权中流砥柱与"灭火器"。然而，领班军机大臣奕劻与地方实力派袁世凯集团结党营私而罔顾国家利益，则是慈禧太后所没有预料到的。不过慈禧太后对此并不担心，她自有驾驭庆袁的本事。如果我们对这段历史做深入观察的话，就不难发现，贯穿清末十余年，在统治者高层权力结构中，庆袁势力始终是操纵朝政的主要力量。慈禧太后在世时虽也曾抑制庆袁势力的过度膨胀，但并没能最终形成一个新的权力平衡格局。在当时情况下，慈禧太后留下的依靠袁世凯集团来维持统治的格局已不可能加以改变。载沣摄政后虽然罢黜了袁世凯并极力扫荡袁党势力，但并不能轻易对付朝中的奕劻势力，袁党潜势力也远远未能得到廓清，表面上是载沣实现了集权皇室的目的，但实际上效力反而更差。辛亥年袁世凯所以能够复出并且夺权成功，仍然是其潜势力操纵朝政的必然结果。这是当时高层权力斗争的主线。慈禧太后有智慧、有韬略，但不代表载沣同样具备驾驭袁世凯集团的眼光与能力。

第八章　慈禧平衡朝局之办法

一、否定庆袁的改制方案

光绪末年，随着袁世凯势力的迅速膨胀，身为疆臣领袖的袁世凯与主持中枢的首席军机大臣奕劻合流，企图通过预备立宪操纵清王朝行政大权，这是慈禧太后最不想也是最不愿意看到的事情，于是，在继续借重庆袁势力的同时，精于平衡与操纵之术的慈禧太后立刻展现出她老辣的一面，开始扶植别的势力抑制庆袁的势力。

光绪三十二年（1906年）七月十三日，上谕派员编纂官制，袁世凯、徐世昌等人被列为编制大臣，庆亲王奕劻则是"总司核定"的三人之一。在这次官制改革过程中，袁世凯"追念戊戌往事，知孝钦宴驾之后必不容于德宗，因内结奕劻，外煽新党，思藉立宪之名，剥夺君权尽归内阁。乙巳派五大臣出洋，丙午大更官制，皆一人之谋也"。[①]

———————————

① 胡思敬著：《退庐全集》，文海出版社1970年版，第1269—1270页。

此时，朝中领袖为庆亲王奕劻，而庆袁早已结党。成立责任内阁，举奕劻为责任内阁总理，提高奕劻的政治地位，实际上就是袁世凯扩大自己权势的最便捷的途径，巩固自己的权力基础。

袁世凯自以为聪明，可以趁讨论官制改革时实施浑水摸鱼、瞒天过海之计。但道高一尺，魔高一丈，居高临下的慈禧太后显然是洞察群臣的高手。很快，庆袁立宪的真正意图就为慈禧太后所识破，于是"上意大回"。慈禧太后决定仍然采用旧制，不废除军机处，最终否定了庆袁联手推动的责任内阁制方案。

在光绪三十二年（1906年）的官制改革过程中，慈禧太后否定责任内阁，并不单纯是一个方案之争，对于这位精明过人、统治有术的最高统治者来说，否定袁世凯的责任内阁制度，是她调正扶植袁世凯势力政策、排挤汉族官僚政策的开始。

历史事实已经证明，丙午改制是清末清廷排汉政策之发端，而施行这一政策者首先就是慈禧太后本人。晚清以降，汉族大臣如曾国藩、李鸿章等人，皆在朝政中起着举足轻重的作用，而袁世凯在丙午以前也是权倾朝野、一言九鼎的人物。但丙午改制中袁世凯"颇露跋扈痕迹，内廷颇有疑心"，尤其是袁世凯集团迅速膨胀的事实不能不让慈禧太后感受到皇权的危机。君权与臣权本就是一对此消彼长的天然矛盾。对袁世凯势力一支独大，统治集团内部新的权力结构的严重失衡，最高统治者慈禧太后当然不会漠视不管，于是在继续借重袁世凯集团力量的同时，乃渐对袁世凯为首的汉族官僚施行防范之策。最明显的一点就是新政府的人事安排。陶湘说："财政、兵权只陈雨苍汉人，此中大有深意。陆军侍郎本拟士珍，及见明文，乃系荫昌。虽令王署，总使汉族无兵权耳。"[1] 由此可见，丙午改制时，宣统排汉之局，实已由此埋下引线。

---

① 陈旭麓等主编：《辛亥革命前后——盛宣怀档案资料选辑之一》，上海人民出版社1979年版，第30、31、34页。

　　客观地说，身为汉族大臣的袁世凯与满洲亲贵以及为维护满人朝廷统治的一些汉族官员之争，在一定程度上也确实反映了当时清朝统治者高层内部存在的满汉矛盾。在此之时，以汉族为主的革命党势力日益发展，以汉族为主的民族资产阶级要求立宪的声浪日益高涨，都严重威胁到满洲贵族的利益，因而也使他们对汉族官僚猜忌心日益加重，统治集团中满汉之间的矛盾有增无减。在庚子之变的阵痛过去以后，这种矛盾又开始激化。而袁世凯势力的日益壮大，必然会引起满洲少壮贵族载沣、铁良、良弼、善耆等人的强烈不满，从而企图削弱袁党势力，剥夺袁世凯的军政大权。同时，随着北洋集团势力的不断膨胀，袁世凯专横跋扈之迹也不可避免地逐渐显露出来，从而引起慈禧太后的警觉，这种矛盾在丙午改制时，便发展到了一个顶峰，不能不出现一场此增彼消的权力斗争。而这一权力斗争又随着瞿鸿禨等人为削弱袁世凯的权力而站在满洲贵族一边共同排袁而更加复杂。

二、扶植瞿鸿禨、岑春煊抵制庆袁势力

　　慈禧太后制衡朝内权力斗争的策略之一，依然是像对付曾国藩、李鸿章集团那样，采取以汉制汉的方针，在卵翼袁世凯势力的同时，亦扶植岑春煊、瞿鸿禨的力量与之相抗衡。

　　清末"预备立宪"一出台，立即引起朝野人士广泛关注，因为这意味着权力将重新分配。统治阶级中各集团派系都想借此机会扩大自己的势力，同时排斥异己。预备立宪初始，清廷就出现政治纷争，且矛头所向直指袁世凯和奕劻，这显然是慈禧制衡政策所起的作用。

　　实际上，在慈禧太后的操纵下，在光绪三十年（1904年）至光绪三十一年（1905年）间，庆、袁与岑、瞿两派早已相互攻讦，渐成水火。

　　光绪三十年（1904年），发生奕劻、袁世凯借西征军费报销陷害岑春煊案；

同年，发生御史蒋式惺揭露奕劻在汇丰银行存巨款案；

同年，发生岑春煊揭发周荣曜贪污并贿赂奕劻案；

光绪三十一年（1905年），发生御史张元奇弹劾奕劻次子挟妓宴饮于市案；

同年，发生瞿鸿禨借印花税攻击袁世凯不法案。

瞿鸿禨、岑春煊皆是庚子年西狩途中受知于慈禧太后的人物。瞿鸿禨入值军机，颇有清望。岑春煊则是地方督抚中少有的能与袁世凯相抗衡的人物，时有"南岑北袁"之称，他们都主张对庆袁势力加以裁抑。在慈禧太后的默许下，光绪三十三年（1907年），二人联合起来，掀起了一场声势浩大的企图扳倒庆袁的政潮。

由于岑春煊与袁世凯"素不和睦"，且又"与奕劻不协"，因此，光绪三十二年（1906年），袁世凯与奕劻策划，把力图在立宪中有所发展的岑春煊远调边地云贵担任总督，使其无法有为。同时，用周馥接替岑春煊，使两广权力落入袁世凯的亲家之手。接着，奕劻长子农工商部尚书载振、军机大臣徐世昌赴东三省察看，透露出北洋已把东三省作为他们下一个夺取的目标。袁世凯借立宪排斥异己，发展本集团势力，自然会激起瞿鸿禨、岑春煊等人的激烈反对。

早在光绪三十一年（1905年）清廷谕令几省督抚派员入京参议官制改革时，岑春煊就趁机将亲信于式枚派进京，向瞿鸿禨递交了岑处的密电号码本，二人相约"团结以攻本初（袁世凯）"[1]。其后瞿鸿禨又使汪康年在京办《京报》。京报成立未久，即以忼直敢言，撄政府要人之怒。岑春煊则自武汉"迎折北上"，面见太后，参劾奕劻，说什么"太后固然真心改良政治，但以臣观察，奉行之人，实有欺蒙朝廷不能认真改良之据"[2]。不久，

[1] 陈旭麓等主编：《辛亥革命前后——盛宣怀档案资料选辑之一》，上海人民出版社1979年版，第41页。

[2] 岑春煊：《乐斋漫笔》，章伯锋、荣孟源主编：《近代稗海》（一），四川人民出版社1985年版，第100—101页。

段芝贵行贿奕劻及贝子载振购歌妓杨翠喜一案败露，在瞿鸿禨的支持下，御史赵启霖、赵炳麟、江春霖纷纷上书弹劾奕劻、载振父子"惟知广收赂遗，置时艰于不问，置大计于不顾，尤可谓无心肝"[①]。瞿、岑阵营的猛烈攻势，加之京津各报的大肆渲染，一时使庆、袁阵营一度顿陷困境。

然而，奕劻毕竟是朝廷亲贵，且为政有年，树大根深，加之袁世凯手下人才济济，于是内外下手，"联合防堵"；内有世续、徐世昌、成勋"出力"，使"上怒，乃解"[②]；外有在津袁党弥缝，遂使调查一无所获。此后，庆、袁一党利用慈禧太后仇视戊戌维新党人的心理，以瞿、岑暗通康、梁为由加以反击。奕劻利用上朝独对的时机，指出瞿、岑联合掀起政潮的目的在于"推翻大老（奕劻），排斥北洋，为归政计"[③]。又将岑春煊在戊戌年保举康、梁的三份奏章摆出，并把瞿鸿禨与汪康年的关系及汪与康、梁的关系奏明，终于使慈禧太后下决心外放岑春煊出任两广总督，将瞿鸿禨赶出军机要地。

慈禧太后虽然利用瞿、岑牵制庆、袁，其目的不过是搞权力制衡，并不打算打掉庆、袁。岑春煊的飞扬跋扈、不听任命、闪电式的频繁出击，把政局搅得沸沸扬扬；瞿鸿禨则暗结私党，"授意言官，暗通报馆"，把慈禧太后关于打算开奕劻出军机[④]的消息泄露出去，都使得"慈圣亦不快"，不能不有所顾虑。

陶谦在《齐东野语》中说："西林不赴广，慈圣亦不快，盖西林为平

---

① 朱寿朋编：《光绪朝东华录》，中华书局1958年版，总第5660页。

② 张国淦：《北洋军阀的起源》，杜春和、林斌生、丘权政编：《北洋军阀史料选辑》（上），中国社会科学出版社1981年版，第55、56页。

③ 沈云龙著：《徐世昌评传》，传记文学出版社1979年版，第44页。

④ 恽宝惠在《清末贵族之明争暗斗》一文中说道："奕劻贪黩好货，载振渔色无厌，屡被参劾，西太后亦有所闻。瞿鸿禨笔下敏捷，深得太后赞许，有一天独叫瞿入见，谈到奕劻，曾露罢免之意。不知由何人传播，登载于英伦报纸；驻华英使夫人且于太后招待游园之际，当面询问。太后虽极力否认，而疑此语为瞿所独闻，不应泄露于外，于是乃将瞿罢免，而奕劻反暂得保留。这是光绪三十三年五月间的事。"见《晚清宫廷生活见闻》，文史资料出版社1982年版，第63页。

日眷赏，今不遵命，斥之不欲，不斥又不能，此等为难亦是实况。"[1]生动地描写出了慈禧太后当时对岑春煊的矛盾心理。

胡思敬在《国闻备乘》中对此事更是点描得十分透彻。他说："疆臣以去就要君，始自春煊，三百余年所未有。履霜之渐，识微者其知惧矣。"[2]

袁世凯跋扈固然要加以抑制，岑、瞿一党的发展也不能不有所提防。精于驭臣之术的慈禧太后深得三昧真火。况且，北洋集团实力庞大还要借用，打打拉拉还不是官场上常有的事情？

实际上，瞿、岑之所以失败，其原因主要在于：

第一，他们不了解慈禧太后内心深处的意图，妄图推翻庆亲王奕劻、袁世凯。他们位居宰辅、封疆，也是在官场里摸爬滚打了几十年的人了，却不明白一个简单的常识：有清一代，朝廷倚重与信赖的并不是他们这些自我标榜"忠臣"的人物，满洲亲贵才是清廷信任与依赖的对象。奕劻是慈禧太后继荣禄之后选定的扛鼎人物，岂是那么容易推翻得了的。慈禧太后就说过："奕劻死要钱，实负我。我不难去奕劻。但奕劻既去，宗室中又谁可用者。"[3]

第二，政治斗争的胜负是建立在双方的实力地位基础之上的。庆袁联盟实力强大、阵容齐整，正得到慈禧太后的赏识与借重，双方力量悬殊，不可同日而语。

第三，瞿、岑狂妄自大，不知收敛，在慈禧太后面前表现得过于急迫、过于跋扈。

第四，最根本的是，慈禧太后所以支持瞿、岑，一个重要原因就是需

---

① 陈旭麓等主编：《辛亥革命前后——盛宣怀档案资料选辑之一》，上海人民出版社1979年版，第58页。

② 胡思敬：《国闻备乘》卷一，荣孟源、章伯锋主编：《近代稗海》（一），四川人民出版社1985年版，第222页。

③ 胡思敬：《国闻备乘》卷三，荣孟源、章伯锋主编：《近代稗海》（一），四川人民出版社1985年版，第277页。

要一个对立派来抑制庆、袁势力，维持朝局的平衡，并不想扳倒庆、袁、刷新朝局、调整统治集团内部的高层满汉联盟班底。

三、用张之洞牵制袁世凯

政地沧桑，波谲云诡。慈禧太后原本想借瞿、岑以抑制庆、袁势力，结果没有达到目的。面对瞿、岑开缺后庆、袁势力再度膨胀的局面，慈禧太后又频出新招。

第一招，引用醇亲王载沣牵制庆亲王奕劻。

罢黜瞿鸿禨后，慈禧使载沣入军机，以抗衡和准备取代奕劻。慈禧"将载沣加入军机大臣，希望分奕劻的权，那知载沣谨小慎微，尚有父风，而才具平庸，尤乏手腕，岂是奕劻的对手，徒成其为'伴食中书'而已"[①]。同时，慈禧太后又进一步援引与重用世续、载泽、善耆等亲贵。光绪三十三年（1907年）夏，肃亲王善耆、镇国公载泽分别就任民政部和度支部尚书，以致满洲亲贵联翩而掌部务，汉人不得一席地以自暖。

第二招，利用张之洞制衡袁世凯。

罢黜瞿鸿禨不过两月，慈禧太后就将袁世凯、张之洞同时调入军机。张之洞的资望远在袁世凯之上，二人实力各有短长，要想牵制袁世凯，岑春煊后张之洞显然是最合适的人选。袁、张二人此前分别任直隶总督和湖广总督，不但握有一方的军、政、财权，且能办理相当一部分的对外交涉，他们虽在朝外却可遥控中央。慈禧太后以明升暗降的办法将二人调入军机，目的明显是一箭双雕，既削弱汉人地方实力派，"先拔去督抚中的

---

① 恽宝惠：《清末贵族之明争暗斗》，《晚清宫廷生活见闻》，文史资料出版社1982年版，第63—64页。

两大柱石，然后渐次削减各督抚的实权"，①又使袁、张二人互相钳制，便于慈禧自己"操纵其间"②。袁世凯调京，表面上是提升他，给以主持全局的重任，实际上是让他离开直隶地盘，失去对军队的直接指挥权。此乃削去实权予以高位明升暗降之计。③

袁世凯虽然进入中枢，但实际上仕途并不怎么得意通达。他的责任内阁主张不仅屡屡受挫，而且在实际权势方面也受到各方牵制与压抑。京中诸大老鹿传霖、善耆、铁良等人联合张之洞，共同对付庆袁势力。铁良明言："中堂（张之洞）如早来，则某某秘计早已瓦解……总之，愈速愈佳，愈迟则某某布置亦有端倪，对待又当煞费苦心。"④铁良的"某某秘计"，显然是针对袁世凯所主张的责任内阁制而发。与张之洞进京相同时，张之洞的亲信梁鼎芬上疏参奕劻贪黩、袁世凯攘权。张之洞到京后，便向慈禧太后上言宜先开国会，后设内阁。他言责任内阁必须由国会监督，显然是要与袁世凯有一番较量。

四、以铁良代替袁世凯掌管兵权

慈禧太后制衡策略之二，即是以满制汉，以铁良代替袁世凯掌握兵权。

---

① 李剑农著：《戊戌以后三十年中国政治史》，中华书局1965年版，第69、70页。

② 张国淦：《北洋军阀的起源》，杜春和、林斌生、丘权政编：《北洋军阀史料选辑》（上），中国社会科学出版社1981年版，第62页。

③ 《诰授光禄大夫直隶总督兼北洋大臣赠太子少保文敬杨公行状》，《北江先生集》文卷三。

④ 《丁未七月二十三、二十四日京邹道来电》，《张之洞存各处来电稿》第三函，转引自李细珠：《论清末预备立宪时期的责任内阁制》，《明清论丛》第八辑，紫禁城出版社2008年版，第2页。

铁良曾为荣禄幕僚，得以与袁世凯交往。"初事袁极恭，适袁因督练京旗兵丁，须得一开通精练之满人，相助为理"[1]。光绪二十八年（1902年）袁世凯以"才长心细，器识闳通"[2]，奏请以铁良为京旗练兵翼长；不久又保其署兵部左侍郎；次年又请已授户部右侍郎的铁良仍会办京旗练兵事宜；练兵处成立后，又荐其为襄办练兵大臣。"自参与练兵事，其地位乃渐显。"[3]然而，铁良毕竟是满人之中"深于种族之见者"，曾谓"海外党人排满之说甚炽，以汉人久握军事大权，甚非慎固根本之计也"，因而与袁世凯有着根本的利害冲突，随着"朝眷日隆，乃思夺世凯之权"[4]。

袁铁交锋，是从粮饷收放权的争夺开始的。练兵处初设时，曾由庆王奕劻奏定"原拨新练各军饷项暨续筹专饷，均解由臣处饷局收放，所有各项支发，按年由臣处核议奏销，无庸由各部核销，以免纷歧。其续筹各专款，统由臣处督催经理"[5]。然而袁世凯一手包揽练兵处，造成"向来各省协济练兵经费，及土药税费，均解由北洋粮饷局接收，练兵处只备案而已"[6]。铁良掌户部后，立即从粮饷入手限制袁世凯势力的扩张。他先是拒绝袁世凯的印花税之请，不准袁世凯借端科敛，同时又利用手中之权"钩稽精核"，致使北洋财政竭蹶，袁因而对铁大为不满。

军务方面，铁良虽然暂居篱下，但"彼此手下，俱有一各不相下之势

① ［日］佐藤铁治郎著：《一个日本记者笔下的袁世凯》，天津古籍出版社2005年版，第186页。

② 《袁世凯奏折专辑》（四），台北"国立"故宫博物院1970年印行，第747页。

③ 戴逸、李文海主编：《清通鉴》20，山西人民出版社2000年版，总第8732页。

④ 徐凌霄、徐一士著：《凌霄一士随笔》（二），山西古籍出版社1997年版，第606页。

⑤ 《练兵处办事简要章程清单》，来新夏主编：《北洋军阀》（一），上海人民出版社1988年版，第481页。

⑥ 丁士源：《梅楞章京笔记》，荣孟源、章伯锋主编：《近代稗海》（一），四川人民出版社1985年版，第444页。

隐在心中"①。铁良为了与袁世凯相抗衡，进而取而代之，决心从培养自己的势力入手。此时乃有满人良弼由日本学成回国，铁良倚之为谋主，遂以练兵处为大本营，广招士官学生安插其中，以力图形成士官派势力，打破袁世凯的北洋武备派势力。

光绪三十二年（1906年），清廷厘定中央官制上谕下，"兵部著改为陆军部。以练兵处、太仆寺并入。应行设立之海军部及军咨府未设立之前，均暂归陆军部办理"。同时任命铁良为陆军部尚书，另两位满人为左右侍郎，中央兵权，遂尽落满洲亲贵之手。

铁良既掌陆军，立即着手削夺袁世凯手中的兵权，其采取的措施主要有：

第一，收各省军队归陆军部统辖。光绪三十二年（1906年）九月上谕云："现在专设陆军部，所有各省军队，均归该部统辖。"②欲借统一全国军政之名，夺取北洋六镇，削夺袁世凯兵权。对此，袁世凯心中十分明白，觉出情况照此发展下去，对他十分不利，但因此时势力大绌，"要反抗又没有确保胜利的实力"③，只能以退为进，"蓄势待时，不敢遽发"④，以图东山再起。于是奏请将第一、三、五、六这四镇"归陆军部直接管辖，无庸由臣督练"，而第二、四两镇，则因"客军尚未尽撤，大局尚未全定，直境幅员辽阔，控制弹压，须赖重兵"，故"请仍归臣统辖督练，以资策应"，试图以"多还少留"的手法试探清廷对他掌握部分兵权的态度。结果朱批"现在各军，均应归陆军部统辖。所有第二、第四两镇，著暂由该

---

① 陈旭麓主编：《辛亥革命前后——盛宣怀档案资料选辑之一》，上海人民出版社1979年版，第29页。

② 朱寿朋编：《光绪朝东华录》，中华书局1958年版，总第5601页。

③ 唐在礼：《辛亥前后的袁世凯》，吴长翼编：《八十三天皇帝梦》，文史资料出版社1983年版，第91页。

④ 胡思敬：《退庐全集》，沈云龙编：《近代中国史料丛刊》第45辑，文海出版社影印本，第135页。

督调遣训练"[1]。表面上清廷对袁做了让步，但"统辖督练"改为"暂由调遣训练"，却明白地显示出清廷准备在日后将二镇收回的意图。四镇收归陆军部后，铁良立即任命满人凤山任练兵会办大臣，接统袁交出的北洋四镇，从而将四镇控制于满人手中。

第二，收回北洋六镇高级军官的任免权。北洋诸镇成军之初，军官全为袁世凯一手安插，因而要职皆为袁氏心腹，军官之进退荣辱也全操于袁世凯一人之手。长此以往，他们与袁形成了浓厚的封建人身依附关系，只唯袁一人之命服从。练兵处成立后，其章程规定"遇有才具出众，堪资任使各人员，由臣处不拘阶途，奏请破格擢用。所有隶属臣处各武职，均由臣处分别注册，咨行兵部另档立案"[2]。这样袁世凯就可以名正言顺地安置党羽，培植私人势力，兵部却只能仅备案而已。铁良掌陆军后，为了打破这种局面，摧毁袁世凯的根基，将庆赏之权纳于己手，决定先从高级军官入手，规定"欲收集天下兵权，凡天下各镇统制，皆由部奏请简派，督队官始由督抚委用"[3]。

第三，收北洋学堂归陆军部管辖。北洋六镇的编练成功，使清政府重新拥有了一支新型的武装力量，这是符合慈禧意愿的。但另一方面，这支军队却有着严重的地方分权性质，特别是一系列北洋军事学堂的开办，更使袁世凯建立了自己的亲信网络，以至于掌握了清王朝的大部分武装力量，这无疑引起了慈禧的猜疑和不安。满洲权贵们在实践中也逐渐认识到开办军校对掌握军权的重要性。铁良当初用士官派与袁世凯争权时，即

---

[1]　廖一中、罗真容整理：《袁世凯奏议》（下），天津古籍出版社1987年版，第1419—1420页。

[2]　《练兵处办事简要章程清单》，来新夏主编：《北洋军阀》（一），上海人民出版社1993年版，第480页。

[3]　孙宝瑄著：《忘山庐日记》（下），上海古籍出版社1983年版，第972页。

因"武备派成了一种势力，不能插进"①。掌陆军部后，铁良立即采取种种措施，将袁世凯"所创之学校"，"皆归入陆军部管辖"②，以力图改变袁世凯等人对办学事务的独霸，夺得了军事教育之权，以保证清廷对新军的控制权。

第四，收回筹饷之权。军饷为军队之性命所系。袁、铁争夺新军筹饷权由来已久。陆军部成立后，为了加强对军饷的控制以扼制袁世凯势力的发展，铁良以接管练兵必须先清饷源为由，规定协饷均解由度支部转陆军部收。为了达到这一目的，铁良曾拟亲自以陆军部尚书兼署度支部尚书，以统一事权，后来虽然度支部尚书职务改由溥颋接任，但仍为满人，因而所有军饷牢牢地握在了铁良之手。③

经过铁良的一番努力打击与调整，从表面上看，原属袁世凯的军政权力大都转移到了满洲亲贵的手中，实现了满洲亲贵梦寐以求重掌兵权的愿望，然而结果远非铁良等人所愿。六镇中盘根错节的袁世凯势力并未遭到"廓清"，袁世凯仍能在暗中掌握并控制北洋新军。原因很简单，袁世凯尽管交出了部分兵权，但除第一镇外，其余几镇原是袁一手编练而成，原有将校均为他一手选拔的心腹死党，即便是袁氏离开了他们，其影响力仍然是决定性的。最重要的是，慈禧太后虽罢免了袁世凯的兵权，但并没有将他置于死地的打算，仍然重用他和维护他。"世凯虽罢兵柄，而西后眷遇不衰"④，时任军机处领班章京的华世奎说："自陆军部成立，收回北洋军队，部省摩擦日甚。袁督虽出第一、三、五、六四镇，而统制以下各级

---

① 张国淦：《北洋军阀的起源》，杜春和、林斌生、丘权政编：《北洋军阀史料选辑》（上），中国社会科学出版社1981年版，第41页。

② 孙宝瑄著：《忘山庐日记》（下），上海古籍出版社1983年版，第972页。

③ 参见梁义群、宫玉振：《袁世凯与满族亲贵争夺军权斗争述论》，《许昌师专学报》1994年第2期。

④ 徐凌霄、徐一士著：《凌霄一士随笔》（二），山西古籍出版社1997年版，第606—607页。

军官都是袁旧部武备派旧人，军部拟陆续以士官派更换，自非旧派所能甘服。"双方矛盾日益激化，事为慈禧所闻，遂有光绪三十三年（1907年）"奕劻着管理陆军部事务"之谕，且谕中有"循私偏执，一并严惩"之语，显然是指责铁良排挤袁党过急，故以奕劻"调处两者之间"，防止"酿成事故"[①]。

五、得失之小结

作为大清王朝的实际统治者，慈禧太后的执政能力成长于内忧外患之间，因而她深知培养与依靠汉人实力派对维系这个衰弱已极的清政权的极端重要性。在曾国藩集团、李鸿章集团相继退出历史舞台后，她又不失时机地重点扶植与借重袁世凯集团，倾全国财力让袁世凯练北洋新军并将满洲贵族最重要的地盘——直隶与东三省交给袁世凯集团治理，即是慈禧太后借重袁世凯集团的最有力的证据。但是，扶植与借重并不是无限度的，当袁世凯将手伸进中央政权这个满洲贵族视为禁脔之地、插手皇权时，慈禧太后就不能不予以裁制了。剥夺袁世凯的军权，将他明升暗降调入中央政府，扶植其他汉人官僚及满人官僚与之抵抗，采取以汉制汉、以满制汉等手段均是慈禧太后平衡策略的明智之举。但即使在对庆袁结党深感不满、出手抑制袁世凯集团的同时，慈禧也是小心翼翼，并不主张打掉这个新扶植起来的汉人实力派集团。制衡是维持满汉君臣关系稳定的手段，借重袁世凯集团来消弭与镇压其他汉人反叛清王朝、巩固清政权才是慈禧太后的最终目的。应该说，在借重与有效防范袁世凯集团、维系高层满汉合作关系这个关键问题上，慈禧太后是成功的，是有远见的，可惜的是载沣

---

① 张国淦：《北洋军阀的起源》，杜春和、林斌生、丘权正编：《北洋军阀史料选辑》（上），中国社会科学出版社1981年版，第51页。

没有明白慈禧太后这一苦心孤诣的权力布局背后的深意，主政后立刻置慈禧太后的政治遗产于不顾，在治国理政上采取了一系列幼稚、简单而短视的做法，最终使慈禧太后稳固清王朝最高政权的计划成了黄粱一梦。

第九章　摄政王载沣的理政方略

一、罢黜袁世凯

　　光绪三十四年十月二十一日（1908年11月14日），正当盛年的光绪皇帝病逝于瀛台。光绪皇帝死后，其侄溥仪，奉慈禧太后懿旨，"入承大统，为嗣皇帝"。随后，溥仪之父载沣亦奉"病势危笃，恐将不起"的慈禧太后之命监国，嗣后"军国机务，中外章奏，悉取摄政王处分，称诏行之，大事并请皇太后懿旨"①。这是慈禧太后去世前留下的最后一份政治遗产。十月二十二日（11月15日），掌握清朝政权48年之久的慈禧太后永远地放弃了她的权力。十一月九日（12月2日），太和殿上举行了清入关后的第十次登极大典，溥仪登极，以1909年为宣统元年。清代历史从此进入了以溥仪临朝、载沣监国摄政的宣统朝。载沣监国摄政后，面对庆袁一党势力主宰朝局的现状，心实不甘。他不是仿照慈禧太后的权力平衡策略去建

---

① 《清史稿》卷25，宣统皇帝本纪，中华书局1976年标点本。

立新的实力派来巩固自己的统治，而是决心要瓦解庆袁势力独霸政坛的局面。其政策即是严厉制裁袁世凯，排挤奕劻，裁制袁党，集权皇室，以自己信得过的一帮少壮亲贵来掌权治国，等等。

清亡前夕，在高层权力争斗中，对宣统朝政局影响最大者当推以载沣为首的皇族亲贵集团与袁世凯集团的争斗。

"李鸿章死后，军政大权均归袁世凯掌握。"[1]为了维护自己的利益，新得势的满洲少壮亲贵集团急于要除掉实力派袁世凯集团的潜在威胁。"其时两宫薨逝，政潮已极剧烈。欲攻袁者，方多方寻隙"[2]，以去之及爪牙为快。溥仪登极后一个月，监国摄政王载沣即罢黜了身为军机大臣的袁世凯。"昔袁世凯以力主改革，有忤载沣，排汉派铁良、良弼等，恶其势日张，亦时思除之，只以孝钦信任过专，未得置喙。洎孝德接踵薨逝，载沣摄政，遂挟雷霆之威，首黜袁氏。"[3]

载沣监国摄政后，为什么不能容忍袁世凯而将其立即罢黜呢？

对于这一点，对载沣的秉性为人比较清楚的载涛曾经这样分析："载沣虽无统驭办事之才，然并不能说他糊涂。他摄政以后，眼前摆着一个袁世凯，在军机大臣的要地，而奕劻又是叫袁拿金钱喂饱的人，完全听袁支配。近畿陆军将领以及几省的督抚，都是袁所提拔，或与袁有秘密勾结。他感到，即使没有光绪帝的往日仇恨，自己这个监国摄政亦必致大权旁落，徒拥虚名。"[4]

据载涛记载，促成载沣下决心解决袁世凯的是肃亲王善耆和镇国公载泽。他们曾向载沣秘密进言，认为此时若不速做处理，则内外军政方面，皆是袁的党羽。从前袁所畏惧的是慈禧太后，慈禧太后一死，在袁心

① 印鸾章著：《清鉴》下册，中国书店影印1985年版，第933页。

② 凤岗及门弟子编：《三水梁燕孙先生年谱》上册，1946年印，第82页。

③ 马震东著：《袁氏当国史》，团结出版社2008年版，第23页。

④ 载涛：《载沣与袁世凯的矛盾》，《辛亥革命回忆录》（六），中华书局1963年版，第323页。

目中，已无人可以钳制他了。异日势力养成，消除更为不易，且恐祸在不测。按善耆的主张是采取迅雷不及掩耳的手段，乘袁世凯单身一人进乾清门办公时，把他抓起来杀了再说。

载沣当时虽然赞成严办，但他是个怕事的人，显然缺乏其祖先康熙皇帝擒鳌拜的胆量和气魄。他只是拟了一个将袁世凯革职使交法部治罪的谕旨，甚至还把这个谕旨拿出来和世续、奕劻、张之洞等军机大臣商量。

尽人皆知，世续、奕劻是和袁世凯关系密切的人，张之洞则是一个圆滑世故的官僚，兔死狐悲，他们的态度不问可知。

"是时军机大臣世续入见，力为袁世凯解脱，乃易为其后公开之免职谕旨。"[1]奕劻因与袁世凯的同盟关系不便公开反对，但软中带硬说：杀袁世凯不难，不过北洋军如果造起反来怎么办？张之洞则公开持反对态度："主上冲龄践祚，而皇太后启生杀黜陟之渐，朝廷有诛戮大臣之名，此端一开，为患不细。吾非为袁计，为朝局计也。"[2]第四镇统制吴凤岭、第六镇统制赵国贤干脆回答，如果要杀袁世凯，请先解除他们的职务，以免士兵有变，致辜天恩。重臣那桐等人也不同意杀掉袁世凯。众人的反对，使这位年轻的摄政王更加犹豫不决，只得将谕旨的措辞一改再改，等到公布出来，就成了令袁世凯开缺回籍养疴的处理。

客观地说，摄政王载沣上台后立即驱逐了汉人官僚代表袁世凯，这对于已经摇摇欲坠的大清王朝来说无异于雪上加霜。这是因为，前次袁世凯与瞿鸿禨、岑春煊、铁良等人的斗争实际上都没有超出统治集团内部的倾轧范围，但是，这次载沣驱逐袁世凯，却直接导致了慈禧太后晚年费尽心力才建立起来的新一轮高层满汉合作格局的完全瓦解。

辛丑以后，袁世凯已经成为清政府中的汉臣领袖，倘若驾驭笼络得

---

① 戴逸、李文海主编：《清通鉴》第20册，山西人民出版社2000年版，总第8983页。

② 胡钧：《张文襄公年谱》卷6，第16页。

法，统治集团中的满汉合作是可以引领大清王朝这艘已经千疮百孔的破船继续走下去的。袁世凯尽管对于满人亲贵的诸多做法不满，但当时还并没有背叛清王朝的想法，更没有觊觎皇权的政治野心。针对同盟会成立后在南方各省发动的一系列武装起义，袁世凯明确表示了反对的态度。光绪三十三年（1907年）七月，袁世凯还通谕直隶全省，驳斥革命党的排满之说，反对革命党采取的暴力举动。袁世凯说："逆党啸聚海外，荧惑侨氓。其处心积虑，尤欲满汉自相猜忌，因猜忌而生冲突，因冲突而启纷争。该逆又假托满人上灭汉种策，刊印散布，愚弄士民。既用排满之说，疑误满人；更借灭汉之说，激耸汉人。离间谗构，狡谲已极……近岁，湘、赣、两粤，迭闻揭竿。自取天诛，决无全理。"[1]

载沣不能体谅慈禧太后的良苦的人事安排的深意，一上台就罢黜袁世凯并进一步剪除袁党，这就破坏了统治者高层满汉联合统治，破坏了慈禧太后定下的利用袁世凯集团进行以汉制汉的政治格局，从根本上动摇了大清王朝的统治基础。这是辛亥年袁世凯集团利用革命党人反清之机从内部反戈一击，从而导致清王朝迅速灭亡的一个重要原因。

袁世凯虽然被赶出朝廷，但近畿陆军与北方数省督抚仍是他的后盾，素有袁后台老板之称的庆亲王奕劻还在主持枢政工作，因而袁世凯虽身在江湖之远却仍能在暗中操纵庙堂的一切，以至于日后能够迅速东山再起。

二、剪除袁党

载沣放逐袁世凯后，又进一步剪除袁党。在载沣的打击下，宣统元年

---

[1] 《为扶植伦纪历陈大义通谕》，《骆宝善评点袁世凯函牍》，岳麓书社2005年版，第188页。

（1909年），邮传部尚书陈璧"以用款糜费，调员冒滥"①遭革职；徐世昌内调邮传部尚书，由锡良继任东三省总督。锡良到任后，立即抓住黑龙江布政使倪嗣冲贪污案，将他"即行革职，勒追赃款，以肃官方"②。接着，民政部侍郎赵秉钧休致，北京的警权转到亲贵手中。不久，杨士骧病死，端方继任直隶总督。宣统二年（1910年）初，唐绍仪被迫乞休，铁路总局局长梁士诒被撤职。不久，江北提督王士珍以病自请开缺照准，等等。尽管载沣扫荡政敌不遗余力，但袁世凯的势力毕竟是太雄厚了，尚侍督抚，均属其私，决非一朝一夕所能铲除。因此，列强一直把袁世凯视为"有实力的人物"。英国《泰晤士报》仍把他排在世界伟大的"政治家"之列。③当载涛、载洵赴欧洲考察军事时，西人"群口相谓，谓中国至今日奈何尚不用袁世凯"④。国内立宪派也认为袁仍有猛虎在山之势。以袁世凯为核心的北洋集团与满洲亲贵集团之间的冲突因为载沣的排汉政策已经发展到了势不两立的程度，这是清王朝统治上层政治危机的重要反映。袁世凯被罢官并没有使清政权的统治危机得到缓和；相反，由于政治格局和权力重心变动太速太大，袁世凯集团与清室满汉合作关系破裂，清王朝的统治危机更趋严重。

三、集权皇室

载沣将袁世凯撵回老家，仍不能安坐监国摄政之位，地方督抚仍然貌

---

① 印鸾章著：《清鉴》下册，中国书店影印1985年版，第935页。

② 《黑龙江民政使倪嗣冲请革职片》，《锡良遗稿·奏稿》第二册，中华书局1959年版，第943页。

③ ［澳］骆惠敏编，刘桂梁等译：《清末民初政情内幕》（上），知识出版社1986年版，第713页。

④ 黄远庸：《袁总统此后巡回之径路》，《远生遗著》卷1，上海商务印书馆1920年版，第40页。

合神离。为此，载沣进一步加大中央集权的步伐。

军政方面，宣统元年（1909年），载沣自封"代为统率陆海军大元帅"，成立了陆海军联合机构——军咨处，以控制全国海陆军的调动之权。随后，又任命在他监国摄政后被晋封郡王衔的两个弟弟载洵、载涛分管海军和军咨处，形成弟兄三人分揽军政大权的局面。

当时，醇王府一门三王，其显赫超过历代皇子。

载沣兄弟均不过是20多岁的青年，论其学识阅历，皆不足当此重任。故醇王府一门专权的局面不仅引起汉族官僚的不满，即便满洲贵族，亦多侧目。正如时人所云："以全国军政委之于三、二人。三、二人中，属于亲贵，以其天潢贵胄，信之于朝廷，是否有军事之学问，军事之阅历，军事之常识，皆非计也。于是各行省之军事，皆管辖之。推其意以为各行省或有不测之变故，可以指挥全国，攻陷一隅。此乃霸者之用心，诚不得不然者。独惜一人强而万夫弱，一人刚而万夫柔。而况主之者非有阅历深思之谓，特自尊自固之谓也。因之，各省疆吏或有军事之所见，或有宜损，或有宜益，乃不敢自行其政见，以有利国家。事有欲仿行，有欲更变，虽有卓见犹不能指挥自由，虽有阅历亦不敢改弦易辙。万里之远，以一电文商之，电商或不得其体，或言之激烈，皆受摈弃而不见用。甚至治军大员，必求军谘府、海陆军部之许可，然后可以调用。或军谘府有军政颁到，惟有俯首帖耳而施行。故不得不因循俯就之者，其势然也。以此而欲求全国军事之进步，岂不是南辕北辙，缘木求鱼哉！故政府专筹统一军事以防内乱，实乃春蚕自缚耳。"[1] "处群情离叛之秋，有举火积薪之势，而犹常以少数控制全局，天下乌有是理！其不亡何待？"[2]

财政方面，载沣任命载泽为度支部尚书，"与督抚争利，专以集中各

---

[1] 佛掌：《中央集权发微》，张枬、王忍之编：《辛亥革命前十年间时论选集》第3卷，生活·读书·新知三联书店1977年版，第844页。

[2] 史晓风整理：《恽毓鼎澄斋日记》，浙江古籍出版社2004年版，第532页。

省财权为急务"。[①]载沣采纳载泽的建议："一设各省监理财政官，尽夺藩司之权；一设盐政处于京师，尽夺盐政盐运使之权，即所谓中央集权是也。"[②]

行政方面，宣统三年四月初十日（1911年5月8日），载沣裁撤旧内阁和军机处，实行责任内阁制。载沣设计的内阁名单如下：

总理大臣奕劻（宗室）、协理大臣那桐（满）和徐世昌（汉）、外务大臣梁敦彦（汉）、民政大臣肃亲王善耆（宗室）、度支大臣载泽（宗室）、学务大臣唐景崇（汉）、陆军大臣荫昌（满）、海军大臣载洵（宗室）、司法大臣绍昌（觉罗）、农工商大臣溥伦（宗室）、邮传大臣盛宣怀（汉）、理藩大臣寿耆（宗室）等。内阁成员"共计十七人，而满人居其十二。满人中，宗室居其八，而亲贵竟居其七……宗室中，王、贝勒、贝子、公，又居六七"。[③]载沣任用满洲亲贵集权皇室的做法在这个内阁名单上暴露无遗，它标志着清末满洲贵族的排汉浪潮达到了高峰。

四、外放铁良

载沣不仅穷追猛打袁世凯集团，对于自己不信任且又掌握军政大权的满洲贵族，同样不予放过。"亲贵用事，不特排汉，竟且排满焉，大事遂不可问矣"[④]。"宣统年间，政局情形极其复杂。铁宝臣尚书喜于军权在握，忽出为江宁将军。世伯轩相国于诸满人中，负一时重望，忽与吴郁生同时

---

① 沈云龙著：《徐世昌评传》，（台北）传记文学出版社1979年版，第122页。
② 胡思敬：《国闻备乘》卷4，荣孟源、章伯锋主编：《近代稗海》（一），四川人民出版社1985年版，第314页。
③ 史晓风整理：《恽毓鼎澄斋日记》，浙江古籍出版社2004年版，第532页。
④ 何刚德著：《客座偶谈》卷1，上海古籍书店1983年影印本，第6—7页。

罢值枢府"。①世续为老派人物，与奕劻走得很近，排挤他是为对付奕劻的缘故，这还容易理解。但在晚清人才严重不足的满洲贵族中，铁良既有丰富的练兵经验，又带兵有方，被公认为头脑清楚、才干突出的一人。载沣罢黜袁世凯后，出乎人们的意料，铁良不仅被剥夺了陆军部尚书一职，还被载沣外放为江宁将军。"首谋去袁，善耆、载泽、铁良或者都是参与密谋的重要成员。然而后来他们又将铁良挤走，这是什么缘故？因为那时的皇族，派别虽然不同，而对于奕劻，不能容忍其挟制揽权，意见是完全一致的。奕劻的灵魂，早为袁世凯所收买，袁世凯既去，则掌握兵权的就是铁良了。铁良对于练兵，既有经验，亦有办法，在满族中为头脑比较清楚的一个。他受奕劻的提拔，且极信赖，认为若有他为陆军领袖，则奕劻仍不易扳倒，所以连他一起排去"。②

五、用士官生代替北洋武备派

载涛"知世凯虽已放逐，而北洋军界犹隐奉世凯为宗主，不消灭此种根深蒂固之势力，则军权集中有名无实"，因而在排挤铁良掌握陆军部大权后，重用曾经留学日本陆军学校、归国后历任军职的满人良弼。良弼"其政策在利用汉人以防汉人，以为高官厚禄仅足以驾驭英才，入彀者多，即足以制反侧而延帝祚"。他主张采用新的以汉制汉的办法，即大量举用留学日本士官生，以代替北洋派势力。"首以宏延揽、广奖拔为务，所擢用者大抵为东西洋留学生，虽有革命党形迹者，亦收诸夹袋之中，不以为嫌。惟一之宗旨，在以己为中心，而造成军界伟大之新势力于全国。此富

---

① 刘体智著：《异辞录》，中华书局1988年版，第221页。
② 恽宝惠：《清末贵族之明争暗斗》，《晚清宫廷生活见闻》，文史资料出版社1982年版，第64—65页。

于朝气之新势力造成，袁系之旧势力相形见绌，不必有意排除，自可逐渐陵替渐灭以尽。其计划盖如此。"[1] 军谘副使哈汉章言："中国军队，最早多半行伍出身，自小站练兵，始取材于武备学堂。后来派遣学生到日本士官学校留学，近年学成陆续回国，因为北方军队的武备派成了一种势力，不能插进，所以分散各省。良赍臣（弼）系满洲厢黄旗籍，他是红带子，在旗人中有此崭新军事人材，而且才情卓越，故在北京能周旋于亲贵之间，时常游说：'我们训练军队，须打破北洋武备势力，应当找士官作班底，才能敌得过他。'枢要（反庆、袁的）中人都很领会。所以练兵处成立就调在湖北的士官第一期吴禄贞，第二期哈汉章、易迺谦、沈尚濂等；又向各省增调第一期卢静远、章遹骏、陈其采，第二期冯耿光等数十人来京，在练兵处担任草拟各项编制饷章及有关教育训练并国防上应有计划重要职务（也有参加兵部的）。于是练兵处就成为士官派的大本营，良弼即暗中作为士官派与北洋派争夺军权的领导者。"[2] 那时北京中央军事机关如军谘府、陆军部、练兵处等重要人员是留日士官生回来的居多数。其中，军谘府各厅处长悉为留学日本的士官毕业生，对于用人、行政握有相当的实权。在良弼的极力举荐下，吴禄贞、蓝天蔚、张绍曾等人还在北洋六镇中担任了高级职务。

六、冷落顾命大臣张之洞

张之洞是慈禧太后临终遗命辅佐载沣的顾命大臣之一，慈禧太后曾遗

---

① 徐凌霄、徐一士著：《凌霄一士随笔》（二），山西古籍出版社1997年版，第607—609页。

② 张国淦：《北洋军阀的起源》，杜春和、林斌生、丘权政编：《北洋军阀史料选辑》（上），中国社会科学出版社1981年版，第51、41页。

命载沣要"唯诸老臣之谋是用"[①]。可是载沣一上台，就将慈禧太后的这一重要临终嘱托弃置脑后，不仅放逐袁世凯，亦根本不把张之洞的意见当回事。宣统元年（1909年），津浦铁路总办道员李顺德等因营私舞弊而被罢职，载沣准备用满官继任，张之洞谏曰："不可，舆情不属。"载沣不听。张之洞言："舆情不属，必激变。"载沣仍然不以为然，说："有兵在。"张之洞只好退而叹曰："不意闻此亡国之言！"[②]更要命的是，在载沣罢黜袁世凯之后，朝中已经无能臣辅佐。张之洞本认为从此可以伸己志向，没有想到载沣因他是汉臣根本不予考虑。"及袁世凯既罢，无人掣肘，自料可伸己志。已而亲贵尽出揽权，心甚忧之。军谘府之设，争之累日，不能入……之洞生平多处顺境，晚年官愈高而境愈逆，由是郁郁成疾。"[③]不久即在遗恨中去世。载沣对待袁世凯、张之洞的做法不能不使其他汉员督抚心冷齿寒、兔死狐悲。

七、对奕劻既用又抑

载沣之所以要在辛亥年成立责任内阁，其目的就是为了平抚立宪派、地方督抚以及其他官僚利益集团对他的不满与离心，并企图以此转移民众视线，以冀图达到消弭革命与内乱的目的。

相比而言，载沣生性懦弱，加上年轻无经验，无法应付爆炸性的局面与朝廷内部的党争。奕劻则不然，他身历道光、咸丰、同治、光绪、宣统数朝，资格极老，又因为长期主持总理各国事务衙门、外务部与军机处多

---

① 袁克文著：《洹上私乘》，大东书局1926年版，第6—7页。

② 胡钧撰：《张文襄公年谱》卷6，第19页。

③ 胡思敬：《国闻备乘》卷4，荣孟源、章伯锋主编：《近代稗海》（一），四川人民出版社1985年版，第301页。

年，门生故吏遍布朝廷内外，于列强各国、于朝廷内外、于北洋团体，在私人关系上均树大根深、盘根错节，要想渡过危机，载沣不得不借重于他来稳定政局。

此外，载沣所以用奕劻组阁，还有一个很重要的因素，这涉及最高统治者之间的权力平衡关系。"光绪故后，隆裕一心想仿效慈禧'垂帘听政'。迨奕劻传慈禧遗命立溥仪为帝，载沣为监国摄政王之旨既出，则隆裕想借以取得政权的美梦，顿成泡影，心中不快，以致迁怒于载沣。因此，后来常因事与之发生龃龉。"[1]慈禧死后，载沣与隆裕之间，需要一个二人都能接受的人物来做缓冲与平衡，遍观满朝亲贵，此人非奕劻莫属。载沣因顾及奕劻与列强的关系、顾忌奕劻长期在朝内外形成的盘根错节的关系网，更因他与隆裕太后的矛盾激化而打消了继续排斥奕劻的念头。载沣欲倚奕劻来安抚各派，"欲倚之以防隆裕，倍加优礼"。[2]这样，奕劻在慈禧太后去世后不仅没有离开权力中枢，反而在宣统朝成立内阁时，又摇身一变成了政府首任的内阁总理大臣。载泽为此曾对载沣大嚷："老大哥这是为你打算，再不听我老大哥的，老庆就把大清断送啦！"[3]

但是，载沣在依赖与借重奕劻的同时，对奕劻又极不放心，便利用奕劻的政敌毓朗、荫昌、载涛、载泽等人来牵制奕劻，所采取的策略是既用又防。

早在宣统元年（1909年），载沣就接受载涛、载洵等人的意见，开去奕劻"管理陆军部事务"，"寻又谕开去奕劻管理陆军贵胄学堂之差，派贝

---

① 载润：《隆裕与载沣之矛盾》，《晚清宫廷生活见闻》，文史资料出版社1982年版，第76页。

② 胡思敬：《国闻备乘》卷4，荣孟源、章伯锋主编：《近代稗海》第1辑，四川人民出版社1985年版，第293页。

③ 爱新觉罗·溥仪著：《我的前半生》，群众出版社1964年版，第24页。

勒载润会同陆军部管理陆军贵胄学堂事务"。①

宣统三年四月初十日（1911年5月8日），载沣又接受毓朗、荫昌、载涛、载洵等人的"中国现值整顿全国陆海军备之时，总理大臣须具有军事上知识，方可负完全责任"的意见，在内阁制发表的时候，清楚规定了新的责任内阁不得过问军国大事，凡关于军事问题，"军谘大臣应负完全责任"，"新内阁可不负责任"②。责任内阁制的《内阁官制》第十四条规定："关系军机军令事件，除特旨交阁议外，由陆军大臣、海军大臣自行具奏，承旨办理后，报告于内阁总理大臣。"③《内阁办事暂行章程》第七条规定："按照内阁官制第十四条，由陆军大臣、海军大臣自行具奏事件，应由该衙门自行具折呈递，毋庸送交内阁。"《内阁办事暂行章程》第八条规定："内外行政各衙门，应奏不应奏事件，除陆军部、海军部外，由内阁总理大臣、协理大臣会同各部大臣另拟章程，奏请圣裁。"④明显将奕劻排除在军国大事之外。不仅如此，在责任内阁设立的当日，载沣又宣布将军谘处升格为军谘府⑤，任命载涛与毓朗为军谘大臣⑥，将军谘府与责任内阁处于对等的地位。

在限制奕劻军政权力的同时，载沣还通过度支大臣载泽、农工商部大臣溥伦在财政上制约奕劻。"军谘府独立一切，军事由军谘府承旨。而泽公主

① 戴逸、李文海主编：《清通鉴》，第20册，山西人民出版社2000年版，总第9004页。

② 《新内阁不负军事上之责任》，《盛京时报》1911年5月18日，第2版。

③ 《内阁官制清单》，故宫博物院明清档案部编：《清末筹备立宪档案史料》上册，中华书局1979年版，第562页。

④ 《内阁办事暂行章程》，故宫博物院明清档案部编：《清末筹备立宪档案史料》上册，中华书局1979年版，第564页。

⑤ 《设立军谘府谕》，故宫博物院明清档案部编：《清末筹备立宪档案史料》上册，中华书局1979年版，第571页。

⑥ 中国第一历史档案馆编：《光绪宣统两朝上谕档》第37（宣统三年），广西师范大学出版社1996年版，第91页。

持财政又非常认真，虽对于内阁，毫无通融。军权、财权系为人所把持。"①

　　载沣的上述做法使得清政府最高权力结构从本应由内阁执政变成了"（一）内阁，（二）军谘府，（三）度支部"②三头政治的权力格局，这就使奕劻内阁的责任体制遭到了极大的破坏，内阁总理大臣无法真正担当起国务责任。在原来军机处的体制下，一切军政、财政大事，奕劻皆有资格参与，而在所谓责任内阁的体制下，奕劻反而不能过问军政、财政问题，这不能不让奕劻大为恼火。他为此曾在那桐、徐世昌面前大发牢骚："某某两亲贵，一则牵掣军权，一则把持财政，均于暗中极力挤排，本邸有名无实，将何以担负责任？"③在这种情况下，奕劻更加怀念慈禧晚年他与袁世凯合作时的美好时光，盼望着袁世凯能够早日复出。

八、得失之小结

　　历史发展到宣统朝，清政权维持统治的政治基础已经转变为以袁世凯集团为代表的地方督抚与立宪派集团的共同支撑上面。离开汉人官僚士绅与实力派的支持，特别是离开慈禧太后扶植起来的袁世凯集团的支持，在当时的形势下，满洲贵族是无法将清王朝的统治进行下去的。④可是，继

---

① 《内阁以为可稳固矣》，《盛京时报》1911年7月20日，第2版。
② 《新内阁史·调停内部之暗斗》，《时报》1911年5月18日，第2版。
③ 《庆邸决拟辞退之心理》，《盛京时报》1911年6月18日，第2版。
④ 据莫理循统计，宣统末年，"中国军队的军官中，满人不到3%。北京的高层军官中很少有满人。满人军官是那样的少，第一镇号称是满人组成的镇，几乎所有的高级军官都是汉人，统制官是一个守旧的山东人。禁卫军本是作为满人的镇建立起来的，但现在向社会公开招募，应征的大部分是汉人，而不是满人"。这说明清王朝赖以生存的军事力量，已经由满人自己的军队完全转变为汉人的军事力量。[窦坤等译著：《〈泰晤士报〉驻华首席记者莫理循直击辛亥革命》，福建教育出版社2011年版，第103页]

慈禧太后之后掌政的监国摄政王载沣与隆裕太后却因为缺乏统治经验与政治智慧，不懂得以汉制汉政策的重要性，掌政伊始就变更慈禧太后的成法，将慈禧太后生前安排的高层满汉合作格局尽数破坏。

载沣监国伊始，就迫不及待地罢黜袁世凯，迫不及待地扫荡袁党，不仅极力避免中央大权落入汉人的手中，还要谋将咸同年间落入地方督抚手中的军权、财权一并夺回归己所有；不仅剥夺汉人的权力，而且还要剥夺慈禧太后安排与倚重的铁良、端方等有阅历、人望与实际能力的满人官僚的权力。他们"以天下为一家私物"[1]，认为"政要之地位，非无阶级者可以骤跻；机密之大计，非至亲贵者不足与议"[2]，认为集权皇室、强化专制是维系统治的最佳办法。可惜南辕北辙，在这种政策下，立宪派集团、地方督抚、袁世凯集团心灰意冷，最终在辛亥革命中相继背叛了清王朝。

客观地说，继李鸿章集团之后，袁世凯集团已经成为清王朝维系统治与镇压下层民众反抗的一个有效的工具。袁世凯虽然在清末势力膨胀，但他并没有觊觎帝位的政治野心。光绪三十二年（1906年）官制改革中他之所以极力建议设立责任内阁，一个重要的原因是潜藏在他内心深处的不安全感——即害怕有朝一日光绪皇帝会算昔日戊戌年的旧账。光绪三十四年（1908年）慈禧太后在病重时商议皇帝继承人问题时，袁世凯见光绪皇帝归政无望，也就放下心来，主动提出以醇王载沣长子溥仪入承大统，并立即派袁克定将此事密告英国驻华公使朱尔典。在得到朱尔典的赞同意见后，袁世凯又将朱尔典的态度转告载沣，以此示好，希望载沣念其拥戴之功，能够和衷共济。不仅如此，袁世凯"虑孝钦后年高，且皇族中亦颇有争竞继统者，主幼国危，无所统率，必生变乱，倡议以醇亲王载沣监

---

① 胡思敬：《退庐疏稿》卷1，南昌退庐刻本，1924年，第17—18页。

② 《内阁学士兼吏部侍郎衔宗室宝熙奏开贵胄法政学堂折附片》，《政治官报》，光绪三十三年十一月初二日，第42号。

国"①。慈禧太后在临终之时，也明确将载沣托付给奕劻、袁世凯、张之洞、鹿传霖、世续等人，要他们匡辅是赖，同时要求载沣惟诸老臣之谋是用。直到最后一刻，慈禧太后仍然担心载沣、隆裕不能容用袁世凯，"乃于垂危时泣对二人曰：'袁世凯为先朝旧臣，劳苦功高，允宜待以殊礼，毋以予死而远之也。'隆裕、载沣唯唯。"②如果载沣听从慈禧太后的临终遗言，不那么偏狭短视，不把事情做绝，或许袁世凯集团与满人贵族之间的合作还不至彻底决裂。可惜"嗣醇王不能听老人临终嘱托之言，摈弃正人，崇信群小，三百年之帝位轻轻以一手断送之"，"国不自亡谁能亡之？"③诚哉斯言！

---

①　沈祖宪、吴闿生：《容庵弟子记》卷4，来新夏主编：《北洋军阀》（五），上海人民出版社1993年版，第91页。

②　陈赣一著：《甘簃随笔》，中共中央党校出版社1998年版，第12页。

③　王锡彤著，郑永福、吕美颐点注：《抑斋自述》，河南大学出版社2001年版，第141、143页。

第十章　堡垒总是从内部攻破

一、亲贵党争

在中国历史上，许多王朝移鼎，皆是其王朝末期最高执政者统治能力下降，在权力问题上分配不均，引起高层内讧所致。

大清王朝也不例外。

以溥仪坐皇位、载沣监国摄政的宣统王朝，在内外矛盾丛集中艰难度日。

载沣监国摄政后，来自于皇族亲贵内的权力争斗日益激烈，逐渐达到了白热化的程度。慈禧太后当政时，皇族亲贵中纵有门户派系也不敢张扬。慈禧太后一死，载沣虽贵为监国摄政王，但他既没有慈禧太后在朝中具有的那种巨大的威望，也不懂得运用慈禧太后那一套恩威并用的驭人手法，更没有慈禧太后的政治眼光与格局，皇族亲贵内部很快就四分五裂，政出多门，相互倾轧。

终宣统朝三个年头，来自皇族亲贵内部的权力争斗十分激烈。

孝钦训政时，权尽萃于奕劻，凡内外希图恩泽者，非夤缘奕劻之门不得入。奕劻虽贪，一人之慾壑易盈，非有援引之人亦未易掇身而进。至宣统初年奕劻权力稍杀，而局势稍稍变矣。其时亲贵尽出专政，收蓄猖狂少年，造谋生事，内外声气大通。于是洵贝勒总持海军，兼办陵工，与毓朗合为一党。涛贝勒统军谘府，侵夺陆军部权，收用良弼等为一党。肃亲王好结纳勾通报馆，据民政部，领天下警政一党。溥伦为宣宗长曾孙，同治初本有青宫之望，阴结议员为一党。隆裕以母后之尊，宠任太监张德为一党。泽公于隆裕为姻亲，又曾经出洋，握财政全权，创设监理财政官盐务处为一党。监国福晋雅有才能，颇通贿赂，联络母族为一党。以上七党皆专予夺之权，茸阘无耻之徒，趋之若鹜。[1]

皇族亲贵内虽然派系林立，政见分歧，你争我斗，但在抑制奕劻的问题上，倒形成了完全一致的意见，"比如载字辈的泽公，一心一意想把堂叔庆王的总揆夺过来"。[2] "而在奕劻一方面，以他之老奸巨猾，见多识广，这几位老侄对他的处心积虑，岂有看不出的道理；不过载沣的秉性和为人，从前在军机处上共事多时，早经明了，他是认为不是置虑的。就是载洵、载涛两兄弟，在他眼中看来，年轻少阅历，亦还容易对付。唯独载泽，尚和他拉个平手。但是他想到明争不能，只可用暗斗手段。以为载泽从未经管过财政，今忽作了度支部尚书，可以拿收支不平衡的难关来对付他。不过还感觉自己势力单薄。"奕劻为了对付各路敌党，于是在上述诸党之外，拉拢那桐、徐世昌，别树一帜，"三个人结为一党，和载字辈这几个人各显其能，两不相下"[3]。前者有监国摄政王撑腰，控制了军事、财政

① 胡思敬：《国闻备乘》卷2，荣孟源、章伯锋主编：《近代稗海》（一），四川人民出版社1985年版，第299页。

② 爱新觉罗·溥仪著：《我的前半生》，群众出版社1964年版，第24页。

③ 恽宝惠：《清末贵族之明争暗斗》，《晚清宫廷生活见闻》，文史资料出版社1982年版，第66页。

及代表民意的资政院等要害部门；后者则以首席军机大臣奕劻为首，占据了军机大臣四分之三的席位，牢牢把持着军机处。

亲贵中的肃党也是一支具有左右政局能力的势力。肃亲王善耆在宣统朝一身而兼数任，是一位颇有政治野心的人物。他任民政部尚书，领全国民政、警政；他又受命筹建海军，参与军政。善耆与奕劻是宿敌，在光绪末年，善耆就日夜谋夺奕劻之席，只因财力、权力实不能敌，故而未能如愿。到了宣统朝，善耆看到奕劻因贪污已成中外攻击之的，身败名裂只是迟早的事，强弩之末的奕劻已不足顾虑，他开始将矛头指向大权在握的载沣兄弟，企图另立山头，取而代之。为了实现掌握国家最高权力的梦想，善耆甚至利用手中的权力向资产阶级革命党人暗中输诚。其中最突出的一件是对谋刺载沣的革命党人汪精卫、黄复生、罗世勋的开脱和优待。

宣统二年（1910年）春，汪精卫等人潜入北京，企图刺杀载沣，被禁卫军发现，汪、黄、罗先后被捕。当时，法部尚书廷杰主张立即判处死刑，而善耆反对重判，主张采取"怀柔"政策。这样，汪精卫、黄复生被判为终身监禁，罗世勋被判有期徒刑10年。在汪、黄被监禁期间，善耆还一再探监，常馈送食品，赠以钱款，极尽安慰之能事。武昌起义后，汪精卫等人在善耆的竭力促成下，得以出狱。汪精卫出狱后，亲至肃亲王府致谢，感谢其救命之恩。善耆这种脚踩两条船的行为，渐渐地被载沣兄弟看破。他们对善耆采取了各种防范措施。因此，善耆虽然参与了建军活动，但却始终没有获得军权。后来，载沣干脆把他的民政部大臣也给撤掉了。

皇族亲贵中，隆裕太后一党也是令载沣最伤脑筋的一股势力。溥仪继位后，隆裕被尊为皇太后，并在国家遇有重大事件时，有参预军政事务的权力。隆裕太后在慈禧死后有垂帘听政的意图，宣统朝初始，隆裕和载沣，各遵慈禧太后懿旨，各司其事，这种相安无事的局面不可能维持长久。这不但因为溥仪继位后的权力分配过程中，隆裕太后对于监国摄政王的权力过大很不放心，而且满洲贵族、皇族亲贵中在隆裕太后面前中伤、攻击载沣的人也为数不少，致外间一度哄传"满洲八大臣联名请隆裕垂帘，如孝钦故事"①之事。此传说虽然没有成为事实，想来也并非空穴来风，故而使"监国大惧"，以致载沣后来"无日不惴"。

慈禧太后死后中央统治层内部的极端混乱局面将载沣置于一种十分尴尬的境地。载沣原本是一个胸无大志、庸懦无能的人。这从他书房里悬挂的一副自书"有书真富贵，无事小神仙"的对联中即可见一斑。他对于朝中当权亲贵的权力倾轧，中央政府内部的抽心之烂的状况毫无对付的办法。监国后他"性极谦让，与四军机同席议事，一切不敢自专。躁进之徒，或诣王府献策，亦欣然受之"②。当初，当慈禧决定把溥仪立为皇嗣，任命他为摄政王时，他也曾叩头力辞，惹得慈禧对他不争气的举动大动肝火，当众叱之曰："此何时而讲谦让。真奴才也。"③庸懦成性的载沣不要说对政出多门的局面完全没有控制能力，即便对醇王府内福晋与老福晋争权，把醇王府闹得鸡犬不宁，亦坐视无可如何，遑论其他？

载沣福晋为慈禧宠臣荣禄之女，在娘家时很受宠，从小养成了骄悍的性情。她甚至连慈禧都不怕。后来，她成为当朝小皇帝的生身母亲后，自然腰杆更硬。她内与载沣母亲争权，外与外廷打通关节，时常有所祈请，载沣亦不得不屈意从之。老福晋与另外两个儿子载洵、载涛结为一党。当载洵、载涛倚老福晋之势多所要求时，载沣也只能尽量满足。发生在醇王府内的家庭纠纷直闹到"操刀寻仇"的地步。为躲避家庭纷争，载沣只得避居在外，兼旬不敢还家。

以溥仪坐皇位、载沣监国摄政的宣统王朝，在内外矛盾丛集中艰难度日。当时，伊藤博文已经认识到"中国情势已经败坏到无以复加，政

①　胡思敬：《国闻备乘》卷4，荣孟源、章伯锋主编：《近代稗海》（一），四川人民出版社1997年版，第293页。

②　胡思敬：《国闻备乘》卷4，荣孟源、章伯锋主编：《近代稗海》（一），四川人民出版社1985年版，第284、294页。

③　胡思敬：《国闻备乘》卷3，荣孟源、章伯锋主编：《近代稗海》（一），四川人民出版社1985年版，第284页。

府和宫廷都忙于阴谋，而各党派则极力争夺权势"，[①] "中央政府已经衰弱得可怜"[②]。国家中枢权力运作状况如此糟糕，大清王朝的丧钟已经隐然响起了。

到宣统三年（1911年），亲贵争斗的焦点，已经集中在由谁来掌控即将成立的新内阁的行政大权上面。尽管由于隆裕太后支持[③]与"庆邸系四朝老臣，勋业伟大，且于外交行政俱有阅历"[④]、实力超群等因素奕劻最终胜出，但载泽依然不依不饶，经常找载沣吵闹[⑤]并且对奕劻表现得极不礼貌。"初庆亲王领军机时，僚属皆仰其意旨，及载某等入阁，常攘臂急呼，无复体统。"面对载泽咄咄逼人的气势，奕劻愤恨不已，"尝怫然曰：必不得已，甘让权利于私友，绝不任孺子得志也"。[⑥]这种皇族亲贵围绕权力问题而展开的争斗，严重影响了奕劻内阁的质量与正常的运作。奕劻在武昌起义后竭力主张起用袁世凯，与其对载泽一帮少壮亲贵的压迫不满不无关系。可以说，军机处转为责任内阁后，政府不是变得更加强大，反而因为皇族亲贵之间的激烈权争变得比以前更加虚弱了。

---

① ［美］李约翰著，孙瑞芹、陈泽宪译：《清帝逊位与列强》，中华书局1982年版，第36页。

② 载涛：《载沣与袁世凯的矛盾》，《晚清宫廷生活见闻》，文史资料出版社1982年版，第80页。

③ 据《申报》记载："政界中人言：此次新内阁用人一层，监国十分谨慎。缘监国摄政之初，曾有军国大事必须请示太后之规定，故此次设置内阁伊始，监国曾于隆裕太后前请示，太后谕以宜用老臣。所谓老臣者，即指庆邸而言，监国因命庆邸为总理大臣。"［《新内阁成立后种种》，《申报》1911年5月19日，第1张第4—5版］

④ 《内阁总理非此人莫属耶》，《申报》1911年2月17日，第1张第4版。

⑤ 溥仪在《我的前半生》中说："奕劻在西太后死前是领衔军机，太后死后改革内阁官制，他又当上了内阁总理大臣，这叫度支部尚书载泽最为愤愤不平的。载泽一有机会就找摄政王，天天向摄政王揭奕劻的短。"

⑥ 金梁：《光宣小记·内阁官制》，章伯锋统编，庄建平编：《落日残照紫禁城》，四川人民出版社1999年版，第229页。

二、内阁总理的尴尬

一位外国学者在考察中国清末政情后曾经这样写道：

"满清统治的最后三年，人们看到了一个无能的政权在绝望地力图阻止历史的潮流。外国的侵凌加上日益加剧的内部问题，带来了帝制的末日。列强勒索经济方面的利益，和清政府与外国商借外债，成为各省日趋强烈的反清势力的一个理由和借口。各省谘议局的成立只有使骚动更形加剧。处于少数的满人，在种族对立中陷于孤立。反对派看到政府方面的弱点之后，更加嚣张地提出批评和要求。"①

确实，进入宣统朝，摄政王载沣"用人行政，多拂舆情"，特别是因为罢黜袁世凯、明目张胆集权一帮少壮亲贵的做法，直接引发政坛地震，大大激化了高层统治集团内部的矛盾。到宣统三年（1911年），大清王朝的各种矛盾经过丛生、积累、交织，已经发展到了一个新高潮，尤其是责任内阁与国会问题业已成为此刻政治的焦点，各派政治势力无不注目于此。帝国政府正处在一个前所未有的火山口上。为应对危机，四月初十日，清廷"谕内阁：上年降旨饬将官制厘订，提前颁布试办，并即组织内阁，旋经宪政编查馆奏，拟修正筹备事宜清单，经朕定为宣统三年颁布内阁官制，设立内阁，所以统一政治，确定方针，用符立宪政体"；又谕："本日业经降旨设立内阁，所有旧设之内阁、军机处、会议政务处，著即一并裁撤"②，同时公布新订内阁章程清单，任命庆亲王奕劻为内阁总理大

---

① ［美］拉尔夫·尔·鲍威尔著，陈泽宪、陈霞飞译：《1895—1912年中国军事力量的兴起》，中华书局1978年版，第169页。

② 中国第一历史档案馆编：《光绪宣统两朝上谕档》第37册（宣统三年），广西师范大学出版社1996年版，第88、89、330页。

臣，由他筹组新内阁，希望奕劻能为清王朝度过统治危机找到一条出路。可是，环顾四周，奕劻却发现他的内阁所面临的形势十分严峻，清王朝统治的合法性正在受到各方面反对力量前所未有的挑战。

体制外，有孙中山为首的革命派以"驱除鞑虏、恢复中华、创立民国、平均地权"相号召，不断在珠江、长江流域发动反清武装起义，革命党的排满宣传已经成为瓦解现政府权威的巨大力量；体制内，则有立宪派与地方督抚的国会请愿运动，请愿的规模一场比一场大，要求一次比一次急切与提高，在怨恨与不满的情绪下，越来越多的稳健派开始转向非常规操作方式。

更要命的是，奕劻组阁不但面临着诸多客观外部的压力，皇族亲贵内部激烈的权争、监国摄政王对奕劻的掣肘，亦皆成为奕劻无力亦无心承责的一个重要因素。①

在愤怒之余，无可奈何的奕劻便借宣布内阁政纲之事有意为难了一下载涛、毓朗、载洵以及载泽与溥伦等一帮少壮亲贵，以发泄他心中的愤懑之情。奕劻先是在四国银行团第二期应交借款前，迟迟拖延不宣布政纲，以致等不及的银行团代表遂向载泽发难："中国对于币制一事，现在茫无把握，且与原订合同不符之处，且此次借款，重在振兴实业、整理财政，何以借款成立后尚无一定着手办法？外国资本家因此颇怀疑虑，不愿投资。"②逼得载泽不得不通过盛宣怀从中间调停而向奕劻低头。另外，在政纲宣布过程中，至振兴实业时，奕劻又突然停下来向溥伦发难："贵大臣对于振兴实业之意见，究以何者为先？抑皆所注重？"溥伦措手不及，随口答道："据本大臣意见，似以开矿为当务之急。"奕劻反问："中国民生凋敝已极，农工商三者自难偏重，然中国为农产国，则改良务农似尤当

---

① 关于在内阁成立后亲贵仍然挤对奕劻一事，见前文《摄政王载沣的理政方略》一章。

② 《内阁宣布政纲之真相》，《盛京时报》1911年7月20日，第2版。

注意。未审贵大臣以为如何？"溥伦经此诘问，一时竟然答不上来。[1]一般而言，既是内阁政纲，就应该是代表了所有阁臣的意见，奕劻于宣布政纲时在溥伦毫无准备的情况下有意这样诘问，显然不仅是为了泄愤，更是想向外界吐露出一个信息，即因为内部掣肘问题，他不能真正承担起他应该担负的责任。同样，因为不能过问军国大事，奕劻干脆在宣布政纲时无一语道及陆海军问题，这让载涛、毓朗备受打击。当二人事后前去询问时，奕劻毫不客气地回答："吾国内阁总理与各国情形不同，今海陆军政既有军谘府主持，自无庸内阁参预。"[2]载涛、毓朗受此抢白，回去后便与陆海军二大臣联合，提出对内阁的质问案，"以总理大臣绝不担负军事责任，则将来贻误必多，先提出质问内阁各议案，再详订内阁与军谘府之权责"。[3]一时闹得沸沸扬扬。

不仅朝内有载沣与诸亲贵的掣肘，奕劻内阁一出台，也立刻遭到立宪派集团与地方督抚的极力反对。人们普遍认为，这是一个以皇族为中心组成的内阁，完全违背了西方宪法中不准皇族充当国务大臣的立宪原则，讥讽它为"皇族内阁"。"自初十上谕发表后，一般稍有知识者，无不绝望灰心于政府。"[4]"各省谘议局一致感到愤慨，希望削减庆亲王的罪恶势力。"[5]在愤怒之余，各省谘议局联合会连日召开秘密会议，以反对皇族内阁为宗旨，所谓"从根本上之解决，仍从内阁入手。于是有主张推翻内阁者，有主张只推翻庆邸一人者，意见分歧，莫衷一是，嗣仍以推翻庆邸一人付表决，多数赞成，遂通过"[6]。奕劻内阁出台不久，各省谘议局联合会即让都

① 《庆内阁发表政纲之余闻》，《盛京时报》1911年7月30日，第2版。

② 《内阁政纲不及军事之原因》，《盛京时报》1911年7月18日，第2版。

③ 《军谘府将质问内阁之条件》，《盛京时报》1911年7月20日，第2版。

④ 《新内阁史·发表后之舆论》，《时报》1911年5月18日，第2版。

⑤ 《代领事布朗致朱尔典爵士函》，胡滨译：《英国蓝皮书有关辛亥革命资料选译》上册，中华书局1984年版，第10页。

⑥ 《联合会之风云梦》，《民立报》1911年5月22日，第2页。

察院代递谘议局联合会呈请亲贵不宜充任内阁总理折，要求清政府"于皇族外，另简大臣充当组织内阁之总理"，[①]专言皇族不得充任总理，锋芒直指内阁总理大臣奕劻。

奕劻在清廷危难之际受命组阁，不仅遭到立宪派方面的攻击，地方督抚也公开出来持反对的态度。两广总督张鸣岐就上奏清廷："世界立宪诸国，其君主绝无责任，一切制诏皆待国务大臣之副署，然后始生效力。国务大臣组成内阁辅弼君主，执行国务国事之修废，政策之得失，阁臣实尸其责，倘有失职，阁臣必引咎逊位，否则国会亦劾而去之，此所谓责任内阁也。我国颁定阁制，新内阁今已成立矣，然发政施令有不厌天下之望之者，辄借制诏为护符，仍诿其责于皇上，阳袭责任内阁之名，阴背责任内阁之实，此臣惶惑不解者也。""亲贵不宜总理内阁也。立宪国之原则，皇族不掌政权，故世界立宪之国皆无皇族总理内阁之成例……皇族内阁与立宪政体其实必不能相容矣。我国新建内阁，而皇族实为总理，在朝廷以军机处旧人谙练朝政，仍而用之未及另简，仅出一时之权宜，非可视为成制。"张鸣岐断然要求："确定内阁之责任，不以政权私之懿亲之手。"[②]随后，"山东巡抚孙宝琦亦奏，宗支不宜预政"[③]。张鸣岐等所奏代表了地方督抚们的声音，是地方督抚与立宪派集团合流的标志。

奕劻组阁也引起了驻华列强的鄙视与不满，辛亥内阁成立的第三天，朱尔典在致格雷爵士的信中，报告了四月初十日（5月8日）清廷发表的关于设立内阁总理大臣职务的上谕，指出"上述谕旨预示皇族集团总揽朝政的局面不会有任何真正改观，这一点已被上谕命令庆亲王继续兼管外务部所证实。此外，现有的各部首脑们大抵都将在改称国务大臣的责

---

① 《东方杂志》第8卷，第5号，中国大事记，第9页。

② 《粤督张敬陈管见折》，《申报》1911年10月23、24日，第2张后幅第2版。

③ 戴逸、李文海主编：《清通鉴》，第20册，山西人民出版社2000年版，总第9074页。

任内阁中占得一席之地，而各部的机能却不会发生任何变化"。"政府体制的以上变动，尽管有着冠冕堂皇的理论依据……总的讲，似乎并未使全国人民感到满意。在我看来，尤其是资政院的那批议员是不会有耐心继续留在由那些换了头衔的军机大臣们所把持下的行政机构里，去年资政院开会期间，他们曾如此激烈地反对过这些当权人物。"[1]伦敦《泰晤士报》也评论说："以庆亲王为总理大臣，此新内阁不过为旧日军机处之化名耳。彼辅弼摄政王者，咸注意于满汉界限，而欲使满人操政界之优权，此诚愚不可及之思想。"[2]东交民巷甚至出现了这样一种声音："但愿庆亲王引退之后摄政王的工作会顺利一些，据信庆亲王在资政院下次开会之前会引退。"[3]

载沣的掣肘、亲贵的内耗、立宪派与督抚的反对、列强的态度，皆使得奕劻无法发号施令，无力施政，也无法安其位。宣统三年（1911年）夏，当张謇北上京师见到奕劻时，觉得这位权贵老人已是极其的可怜，因为当他历数完大清帝国眼下的危机时，这位总理大臣竟然"掩面大哭"。[4]不过，对于病入膏肓的清王朝而言，内阁总理大臣的掩面痛哭以及清廷实行的所有自救措施都已经来不及了。危乎其危的局势已经没有时间再让这帮亲贵们瞎折腾下去了。

从主观态度上看，宣统年间，奕劻对于建立责任内阁与召开国会似乎也并不热心，甚至持消极的抵抗态度。

① 《英国外交部档案·朱尔典致格雷爵士函》，章开沅、罗福惠、严昌洪主编：《辛亥革命史资料新编》第8卷，湖北人民出版社2006年版，第53页。

② 《庆亲王历史》（译伦敦泰晤士报北京通信），《申报》1911年6月8日，第2张第2版。

③ ［澳］骆惠敏编，刘桂梁等译：《清末民初政情内幕》上册，知识出版社1986年版，第740页。

④ 张孝若：《辛亥革命前后》，中国史学会主编：《辛亥革命》（八），上海人民出版社2000年版，第39页。

光绪三十二年（1906年）官制改革中，奕劻与袁世凯结盟，力图以建立责任内阁制来达到操纵政权的目的，但此举被慈禧太后所否定。进入宣统朝后，载沣又罢黜了奕劻强有力的帮手袁世凯。与袁世凯同时代的日人佐藤铁治郎说：庆亲王奕劻"自回銮后得晤袁世凯，一见倾心，深相接纳，如胶似漆。遇事则袁谋于外，庆应于内"[①]。"摄政就职，庆邸威权大损，见项城屏逐，知将及己，遇事更行退缩。宣统年间，政局情形极其复杂。""项城放归田里，庆邸有连带去职之象。"[②]丙午改制中责任内阁方案遭到流产及宣统初年强有力的支持者袁世凯被罢黜这两件事对奕劻打击很大，使他本就谨慎持重的性格中又增添了几分更加畏手畏脚的成分。更重要的是，长期在枢府任职的经历，使奕劻对载沣成立的以皇族为主体的责任内阁的危害与暗淡前景看得一清二楚。因此，在宣统年间，对于立宪派发起的国会请愿运动与地方督抚积极倡导设立的责任内阁制度，奕劻持消极的态度。"监国连日办事后……特召各大臣，会议组织新内阁之办法。闻各大老以事属创始，且吾国民气日就嚣张，责任不易担负，多互相推诿者。惟洵贝勒、伦贝子均极力主张从速组织，并沥陈近日资政院各议员纷纷质问，均因政府不负责任所致。乃某大老始终不赞一词，故此事卒未解决"。[③]无疑，该文中的"各大老"即是指奕劻、那桐、徐世昌等人。"某大老"是指奕劻本人。在一次政务会议上，"首由庆邸提议，谓：东三省如此危急，有何挽救之法？朗贝勒主张速开国会，以救危局。庆邸谓：人民程度太浅，速开恐致召乱。贝勒云：国会不开，一切新政决办不下去。争论甚为激烈，幸徐军机从中调停，始不欢而罢。庆邸愤甚，次日召见遂有开缺之请"。[④]对于成立责任内阁，奕劻亦表现得不冷不热。"当庆邸会

① ［日］佐藤铁治郎著：《一个日本记者笔下的袁世凯》，天津古籍出版社2005年版，第185页。

② 刘体智著：《异辞录》，中华书局1988年版，第221、222页。

③ 《组织内阁纂拟宪法谈》，《申报》1910年11月23日，第1张第4版。

④ 《庆邸乞退乃为争开国会耶》，《申报》1910年9月14日，第1张第4版。

议国会问题时，曰：'看你大家的意思。'及定后提议新内阁时，提起总理大臣，庆曰：'我已老了，甚么新内阁？甚么内阁总理大臣？我不明白如何做得。'"①在这种情况下，对于内阁总理大臣一席，奕劻确实存矛盾之心态。

对于奕劻不愿意充任内阁总理大臣一事，英国外交部档案收录的《1910年11月中文报刊摘要》中有这样一条记载。该摘要说："据目前从当地报刊上搜集到的情报，责任内阁将于明年年初（阴历）设立，载泽可能被提名为总理大臣，协理大臣则可能由毓（朗）亲王出任。据报道，庆亲王奕劻由于年事已高，谢绝出任内阁总理大臣职务。"②

如果说上述史料还不足说明问题的话，同时期《时报》与《申报》中还有三条资料可资相互印证：

第一条资料是《时报》的载文，"闻组织内阁一事，其一切组织之手续，尚是目前即办之事。惟总理大臣一席甚难推定，庆邸辞之甚力，其余最有资望者，惟朗贝勒及泽公二人，然亦皆不肯明言担任，故议商数日，毫无结果"。③

第二条资料是《申报》的载文，"至总理一席，庆邸本有谢绝之说。目下廷臣拟推朗贝勒、伦贝子、泽公三人，再就三人中推定一人。但朗贝勒一味却辞，伦贝子近来因资政院故又为各枢臣所不喜，且将来又有贵族院议长之望，惟泽公既与各枢臣感情甚厚，且有自愿承认之意，故甚为有望"。④

第三条资料是《申报》的报道："国会已定于宣统五年召集，责任内阁制度宜即颁布，其最难解决者，惟总理大臣一席。庆邸不特不肯担任，

①　《庆邸之恶牢骚》，《民立报》1910年11月13日，第2页。
②　《英国外交部档案·朱尔典爵士致格雷爵士函》，章开沅、罗福惠、严昌洪主编：《辛亥革命史资料新编》第8卷，湖北人民出版社2006年版，第35页。
③　《国会缩期后之现状》，《时报》1910年11月16日，第2版。
④　《内阁总理无非亲贵》，《申报》1910年12月11日，第1张第4版。

即使担任，而外间反对者太多，将来断难运用灵活。闻监国曾属意于泽公，庆邸亦极力奏保，或者泽公藉此脱离度支部之负累，愿以一身当此机关，亦未可知。"[①]

上述史料集中反映了奕劻不肯担任首任内阁总理大臣的原因与态度。"外间反对者太多，将来断难运用灵活"确实给奕劻组阁带来了麻烦，也使奕劻在猎取新的权力之路上布满了阴云。但这不是症结所在，实质上，三段材料中告诉了我们一个很重要的信息，这就是：载泽、毓朗不仅是内阁总理大臣一职的重要角逐者，更是奕劻内阁前行之路上的无法逾越的障碍。

表面上看，奕劻不愿意担任内阁总理大臣是因为他对国会与责任内阁制度的不热心，实际上他之所以反对，其深层原因是来自他贪恋军机处的权力与地位，对未来的内阁信心不足。而所有这一切均完全来自他对局势发展的判断及对载沣、载泽等人弄权的厌恶。这个经历过咸丰、同治、光绪、宣统四朝历次重大政潮"不倒翁"，凭经验嗅出了皇族内阁出笼后的不祥气氛，知道新任的内阁总理大臣一职注定是个烫手的山芋。

虽然消极对待，毕竟内阁一设，军机处必撤，在权力面前，奕劻是绝不会将之推给对手的，所以半推半就，之后，奕劻便也走马上任。不过，出于留有退路的圆滑考虑，上任后，他便不断以难胜此重任为由屡屡请求辞职。愈到后来，随着局势的恶化，他更是以辞职来卸责。

奕劻内阁成立以后，一直在内外交困中挣扎，在亲贵内斗中徘徊，从诞生到解散总共才半年时间，成了一个名副其实的过渡性内阁。在这6个月中，奕劻主要做了两件事情：第一，准给事中石长信奏议，签署了同意铁路干线归国有的政策性文件；第二，武昌事起后，力荐袁世凯出山。

宣统三年四月十一日（1911年5月9日），奕劻签署了同意邮传部大臣盛宣怀以给事中石长信的名义上奏的关于铁路干线归国有的政策性法令，

---

① 《国会年限宣布后之筹备》，《申报》1910年11月15日，第1张第4版。

就是这个法令，最终引发了湖北、湖南、广东、四川的保路风潮，"辛亥四川保路之争，为逊清政变渊源"。① "铁路干线收归国有，取消商办成案。发之者，御史石长信。主之者，邮传部大臣盛宣怀也。此为新内阁成立后之第一政策。"② 铁路干线国有政策是载沣受载泽与盛宣怀推动的结果，奕劻内阁成立第二天就匆匆通过了这一引爆时局的政策，显然是载沣早就决定好的，不是奕劻情愿做这样的事情，他甚至以辞职来卸责。"此次庆王辞职之故，实为川路之事与己不同意，既不同意而强使之为，内阁总理以同负责任，则其心有不甘而其辞职也。"③ 但作为总理大臣，奕劻内惧于载沣的皇令、外惧于列强的压力，虽然明知不妥但最后还是屈服并签署了这项引发时局地震的文件④，显然难辞其咎。

朱尔典在致格雷函中说："据我所知，各省对铁路政策问题意见歧异，朝廷官员亦是如此，这从他们的谈话多少可以反映出来。外务部每次在答复我的询问时，一向强调他们决心维持原来的铁路政策，不作改变；然而，当四川铁路危机呈现时，传说总理大臣庆亲王并未充分支持政府的政

① 彭芬：《辛亥逊清政变发源记》，中国史学会主编：《辛亥革命》（四），上海人民出版社1957年版，第331页。

② 汉史氏：《铁路国有》，李广生主编：《时代笔录——辛亥革命亲历亲闻》，百花文艺出版社2012年版，第31页。

③ 《庆王辞职说》，《申报》1911年10月3日，第1张第2版。

④ 关于奕劻等签署同意盛宣怀关于铁路干线国有政策文件的证据可见：1. 中国第一历史档案馆编：《光绪宣统两朝上谕档》第37册（宣统三年），广西师范大学出版社1996年版，第92—93页。2. 那桐在宣统三年九月初五日日记中记载："有上谕：'盛宣怀因川路事经资政院弹劾罢职，总协理大臣率行属名，亦有不合，交该衙门议处。'"十七日的日记记载："前因盛宣怀事总理大臣等率行署名，交该衙门议，议以罚俸三个月公罪，奉旨：准其抵销。"［北京市档案馆编：《那桐日记》（下），新华出版社2006年版，第701、702页］彭芬在《辛亥逊清政变发源记》一文中言"谕旨收川汉粤铁路为国有，内阁总协理未副署"［中国史学会主编：《辛亥革命》（四），上海人民出版社2000年版，第332页］的记述有误。

策，他与美国公使的一次面谈，更给人加深这个印象。本月2日，邮传部李侍郎代表载泽亲王与盛宣怀（邮传部大臣）来看我。他告诉我说，载泽亲王与盛氏是目前铁路政策的主要负责人，而庆亲王因为嫉妒载泽亲王势力的增长，一开始便对这个政策抱勉强同意的态度，现在则与这些同僚越来越疏远……李侍郎要我去见庆亲王，并以强烈的言词劝告他不要采取那种可能暴露中国弱点而导致中国灭亡的政策路线。他向我建议说，应当表示要积极干涉，借此作威吓，才能使这位'糊涂'的老官僚有所醒悟。我表示不打算用威吓的方式，因为在目前处境中那显然亦无效。但我同意去见庆亲王，好让他对严重的局势有个印象。第二天，即本月3日，我去见庆亲王，出我意料地，门不必我敲便自开了，庆亲王宣称要不惜一切代价贯彻实行铁路国有政策，又说如果让各省自行其是，等于是丧失了皇帝的权威。"为了向列强表示他本人不反对铁路国有政策，在四川保路运动风潮已经掀起后，奕劻还一再表示清政府在这个问题上的立场不会变动。朱尔典在发给驻成都领事馆官员的电报中说："在今天同庆亲王的会谈中，他通知我，四川总督已因其对待保路运动的态度而受到朝廷的申斥……政府……决不修正现有铁路政策。该亲王还说，对四川方面的任何让步，都将导致湖南和广东提出类似要求，这不光牵涉到废弃湖广铁路借款合同的问题，而且将冒全局崩溃的风险。"后在武昌事起盛宣怀受到资政院的弹劾时，朱尔典又对奕劻等人落井下石、嫁祸于人的做法嗤之以鼻："签署弹劾谕文的庆亲王、那桐和徐世昌三人，曾在今年4月当着盛宣怀面前向外国使节郑重保证，盛氏乃王朝之重臣，负责解决铁路问题。而在今日，他们却毫不犹豫地公开弹劾盛氏，根本没有想到，盛氏的错误，乃是他过于积极地推行他们三人所拟定的政策的结果。"①奕劻的处世圆滑与无奈在川路事件中暴露无遗。

从某种意义上讲，奕劻内阁以签署铁路干线国有政策开始，又最终因

---

① 《英国外交部档案·朱尔典爵士致格雷爵士函》，章开沅、罗福惠、严昌洪主编：《辛亥革命史资料新编》第8卷，湖北人民出版社2006年版，第55、47、110页。

为这一政策所引发的不可收拾的局面而结束。奕劻内阁与清廷在成立它时的愿望正好背道而驰，它非但没有能起到稳定局势的作用，反而因为"皇族"的性质与奕劻的消极对待使得局面变得更加不可收拾。"政府以海陆军政权及各部主要均任亲贵，非祖制也。复不更事，举措乖张，全国为之解体。"[①]立宪派集团、地方督抚及其他利益集团、下层民众相继因之与清朝最高统治者彻底反目，这是这帮皇族亲贵们所始料不及的。"而于内阁成立之第一日，即大施其雷霆万钧之威力，以压倒一切，而其最为舆论所骇怪者，则铁道国有之命令也……众怒不足畏，舆论不足恤，徇一二佞臣之请，以坐失全国之信用，自今以往，朝廷脱复有缓急，又谁肯起而相应者？"[②]如此说来，奕劻组阁与签署的铁路干线国有令，倒也可以称得上是辛亥逊清政变的渊源了。

三、奕劻力荐袁世凯

辛亥年袁世凯的复出，是辛亥革命史研究中回避不了的一个重要问题。由于袁世凯的再起，武昌起义后蠢蠢欲动的国内各种政治势力重新出现分化组合之势，复杂动荡的局势因而日趋明朗，捉摸不定的政局也因此逐渐明朗与稳定下来。经过袁世凯的复出与努力，南北双方最终达成共识，用和平方式解决了争端，清室得以优待，民主共和政体亦得以顺生。

"庆于袁之再出也，颇致其力。"[③]

武昌事起后，最坐不住的就是奕劻了。作为清王朝最高行政负责人，

①　张孝若：《辛亥革命前后》，中国史学会主编：《辛亥革命》（八），上海人民出版社2000年版，第37页。

②　《论今日朝政之颠倒》，《于右任辛亥文集》，复旦大学出版社1986年版，第173页。

③　金梁：《光宣小记·内阁官制》，章伯锋统编，庄建平主编：《落日残照紫禁城》，四川人民出版社1999年版，第229页。

他要比其他皇室亲贵更在意于清室的前途与安危，川路事件尚未平息，武昌兵变又起，这在奕劻看来，一切均是凶多吉少。奕劻曾亲对日本公使言："此次内乱，出人意表，竟至危及国家安全，令人痛恨之极。本人日夜焦虑，废寝忘食，思欲匡救。然全国形势日非，刻刻告急，数日前几至京师治安亦难确保，因严令有关各员司极力防范，始得维持至今。但今后如何演变，未可预卜，实堪忧虑。"[1]奕劻深知，一个川路事件都能把政局搞得一团糟，武昌兵变定是更难收拾。遍观朝野，朝中诸亲贵惟知道攘权和内斗，载沣无主见，陆军部的荫昌、军谘府的载涛、毓朗对军事又皆是外行，与其坐等灭亡，还不如借重袁世凯的才略，或许能保大清江山不倒。于是，为了王朝的自救，在促成袁世凯复出的过程中，庆亲王奕劻可谓是竭尽了全力。

宣统三年八月十九日（1911年10月10日），武昌新军起义发生。其后，南方各省相继响应，清王朝的统治处于土崩瓦解的状态。为了镇压起义，清政府"以惊人的速度作了一次徒然的努力"[2]。由陆军大臣荫昌亲自率领的第一军迅速南下，军谘使冯国璋率第二军为策应，海军统制萨镇冰督率巡洋、长江两舰队急调武汉，企图"定乱"于俄顷之际。但是，革命如燎原之势迅速蔓延到其他省份，清军大有顾此失彼、力不从心之感；尤为严峻的是，清廷苦心孤诣编练的新军一镇接着一镇地倒向革命。在已编练成军的14个镇、18个混成协和另有未成协的4个标中，竟有7个镇、10个混成协和3个标相继反正和解散、败散。[3]而清廷手中仅存的北洋六镇又不能真正控制住。正如荫昌所说："我一个人马也没有，让我到湖北去督

---

[1] 《日本外务省档案·伊集院驻清公使致内田外务大臣电》（第522号），邹念之编译：《日本外交文书选译——关于辛亥革命》，中国社会科学出版社1980年版，第65页。

[2] ［美］拉尔夫·尔·鲍威尔著，陈泽宪、陈霞飞译：《1895—1912年中国军事力量的兴起》，中华书局1978年版，第185页。

[3] 章开沅、林增平主编：《辛亥革命史》（下），人民出版社1981年版，第217页。

师，我倒是去用拳打呀，还是用脚踢呀？"[1]堂堂的陆军大臣竟然抱怨一个人马也没有，岂非咄咄怪事哉？原来，北洋六镇的将领们多是袁的心腹，袁世凯虽然去职，但其影响仍在，别人指挥不动。在这种情况下，奕劻极力举荐袁世凯，希望载沣能够从大局出发，重新起用这位军界大腕。

身为内阁总理大臣的奕劻十分清楚，南方各省光复后，清王朝大势已去，但形势发展方向仍然很难预料。面对南北对峙的局面，自己才具有限，不可能收拾局面。此时的袁世凯重兵在握，他一手培植和始终暗中控制的北洋军队是无人可以匹敌的，因为它本身就是清政府的依靠力量，而南方政权的军队则大多是临时组织而未受训练的新兵，战斗力不强。可以这样说，当时只有袁世凯具有翻手为云、覆手为雨的力量。因此，深感局势严峻的奕劻希望清室把命运托付给老友袁世凯，希望依靠这位旧日盟友能把起义镇压下去，恢复昔日的秩序。

奕劻之所以极力举荐袁世凯出山，是因为他相信袁世凯之才具足可以像曾国藩那样帮助清王朝渡过生存的危机。

时人有言："其贻误事机最重者，千端万绪，括而言之，厥为庆王信袁过甚。初不知袁氏貌为忠荩，内怀诈谋。退隐彰德之时，即备篡夺之策。故变乱一起，袁氏野心勃然以逞矣。"[2]

确实，奕劻十分信任袁世凯。他之所以信任袁世凯，除了袁拥有军事上的潜势力外，还有别的一些原因。

袁世凯在"前清北洋时代，威望隆然，海内之有新思想者，无不日以非常之事相期望"。[3]而在清末数年间，奕劻与袁世凯的合作可谓是十分默契，袁世凯因有奕劻做后盾，权势日增；奕劻因有袁世凯的支持，在朝中

① 冯耿光：《荫昌督师南下与南北议和》，《辛亥革命回忆录》第6册，中华书局1963年版，第351页。

② 丁士源：《梅楞章京笔记》序一，荣孟源、章伯锋主编：《近代稗海》第1辑，四川人民出版社1985年版，第425页。

③ 黄远庸著：《远生遗著》卷1，上海商务印书馆1920年版，第1页。

地位日固。对于袁世凯之才之能，奕劻较别人体会更深。

从深层原因上看，奕劻之所以推动袁世凯出山，也有他想恢复昔日庆袁携手的阵势、以摆脱长期受亲贵少壮派集团排挤的因素。

奕劻在清末新政中，与袁世凯联袂，一内一外，在推动五大臣出国考察政治、致力宪政编查馆建设、设计丙午官制改革方案以及编练新军等方面愉快合作，共"达政治进行之目的"。[①]在这一过程中，庆袁二人不仅私人感情加固而且在政治上也达成了高度的共识。宣统初年，袁世凯虽被开缺回籍，但仍与奕劻保持着密切的联系。因此，借武昌兵变的机会，推动载沣与隆裕起用袁世凯，在奕劻看来，无论从公从私哪个角度，均能得到兼顾。

就袁世凯本人来说，他在时人心目中亦确实具有颇高的威望。他与列强驻华使节、立宪派人士、清朝众多文武官员都有着密切的联系，得到他们的信任与支持，可以说，声誉赫赫，人心相向。到辛亥革命前夕，袁世凯已隐然成为时局的政治重心，各派都在极力地争取。如宣统三年（1911年）春，国内立宪派领袖张謇亲至彰德访袁，并与袁世凯达成了合作共识[②]等。袁世凯的政治军事权威地位已经使当时各阶层普遍形成了"非袁莫属"的心理状态。随着时局的日益糜烂，这种心理和影响更加弥漫起来。

更重要的是，武昌事起后，"东交民巷亦盛传非袁不可收拾"[③]。日本武官青木宣纯在与英国公使朱尔典交换意见时即认为：袁世凯"是皇室的唯一希望，他在中国有信誉，在外国有好名声，是唯一可望从目前的动乱中恢复秩序的一个人"[④]；英国外交大臣在致朱尔典的指示电文中说："我

① ［日］佐藤铁治郎著：《一个日本记者笔下的袁世凯》，天津古籍出版社2005年版，第185、186页。

② 张孝若著：《辛亥革命前后》，中国史学会主编：《辛亥革命》（八），上海人民出版社2000年版，第38页。

③ 张国淦编著：《辛亥革命史料》，香港大东图书公司印行1980年版，第108页。

④ ［澳］骆惠敏编，刘桂梁等译：《清末民初政情内幕》上册，知识出版社1986年版，第767页。

们对袁世凯怀有很友好的感情和敬意。我们希望看到，作为革命的一个结果，有一个强有力的政府，能够与各国公正交往，并维持内部秩序和有利条件，使在中国建立起来的贸易获得进展。这样一个政府将得到我们能够提供的一切外交上的支持。"[1] 法国代表贾思纳认为"如果清朝请一个强有力的人（像袁世凯）出来协助它，并同意一些宪法改革，则革命将失去它的矛头而不久被粉碎"；英、德、法、美四国银行团[2] "要求能有一个像袁世凯那样的人来保证政府的稳定"；朱尔典更是"以热烈的词句欢迎盛宣怀的劲敌袁世凯：'没有人比他更适于充任汉人与清皇室之间的调人角色了。他是汉人中最受人信任的代表人物，而他和他的家庭以几代以来一直向清皇朝效忠也获得了他们的信任'"[3]。朱尔典"深信，袁重新掌权已为期不远"。朱尔典甚至"斗胆揣测，袁将接替荫昌掌管陆军部，其后将擢升为内阁协理大臣，以接替即将退休之那桐"。[4] 不仅如此，朱尔典还多次拜访奕劻，美国公使嘉乐恒也会见摄政王载沣，均表示希望尽早看到清政府起用袁世凯。列强的态度与声音不能不让清朝最高当政者认真对待。

不过，所谓声望、实力、能力、众望所归、列强的态度等，都只是袁世凯被起用的必要条件，而不是充要条件。庆亲王奕劻明智的力保与强荐，才使袁世凯的起用成为历史的现实。要知道，在清王朝以满洲贵族为主的封建君主专制的体制下，一个深遭当国者猜忌并被罢黜的汉族官员，

---

① 《格雷爵士致朱尔典电》，胡滨译：《英国蓝皮书有关辛亥革命资料选译》上册，中华书局1984年版，第58页。

② 银行团由四强代表组成，即汇丰银行（英），东方汇理银行（法），德华银行（德），美国集团（包括摩根公司、库恩·洛布公司、第一国民银行以及花旗银行）。材料来源：[澳]骆惠敏编，刘桂梁等译：《清末民初政情内幕》上册，知识出版社1986年版，第726页。

③ [美]李约翰著，孙瑞芹、陈泽宪译：《清帝逊位与列强》，江苏教育出版社2006年版，第331、336页。

④ [澳]骆惠敏编，刘桂梁等译：《清末民初政情内幕》上册，知识出版社1986年版，第731页。

要想得到重新任用谈何容易。即使是在武昌起义后王朝面临土崩瓦解的极度危机面前，关于是否起用袁世凯，清室内部的反对意见仍然占着上风，"监国以彼从前废斥，其咎非轻，不敢贸然起用"①，"后来武昌起义的风暴袭来了，前去讨伐的清军，在满族陆军大臣荫昌的统率下，作战不利，告急文书纷纷飞来。袁世凯的'军师'徐世昌看出了时机已至，就运动奕劻、那桐几个军机（应为内阁总协理大臣——笔者注）一齐向摄政王保举袁世凯。这回摄政王自己拿主意了，向'愿以身家性命'为袁做担保的那桐发了脾气，严肃地申斥了一顿"。②"总之，政府各部院仍然是那么举棋不定……他们却还在犹豫是否应为袁世凯重返朝政作出必要的牺牲。"③起初摄政王载沣并不打算重新起用袁世凯，载泽更是极力反对，最后还是奕劻力劝载沣，"再三力保"④，并且力辞内阁总理大臣一职建议由袁世凯担任，两派"争不能决，乃奏请隆裕太后决定。太后主起用袁，议乃定"。⑤

在奕劻力荐袁世凯这个问题上，当事人载涛也认可奕劻在袁世凯起用过程中所起的作用。他说："到了武昌起义，革命爆发，那、徐协谋，推动奕劻，趁着载沣仓皇失措之时，极力主张起用袁世凯。袁在彰德，包藏野心，待时而动。冯国璋、段祺瑞是袁的嫡系心腹大将，亦认为'非宫保再出，不能挽救危局'。载沣本不愿意将这个大对头请出，以威胁自己的政治生命，但是他素性懦弱，没有独作主张的能力，亦没有对抗他们的勇

① 陈夔龙：《梦蕉亭杂记》卷2，荣孟源、章伯锋主编：《近代稗海》第1辑，四川人民出版社1985年版，第411页。

② 爱新觉罗·溥仪著：《我的前半生》，群众出版社1964年版，第25页。

③ 《法国外交部档案·革命运动》，章开沅、罗福惠、严昌洪主编：《辛亥革命史资料新编》第7卷，湖北人民出版社2006年版，第228页。

④ 溥伟：《让国御前会议日记》，中国史学会主编：《辛亥革命》（八），上海人民出版社2000年版，第110页。

⑤ 叶遐庵：《辛亥宣布共和前北京的几段逸闻》，中国史学会主编：《辛亥革命》（八），上海人民出版社2000年版，第120页。

气，只有任听摆布，忍泪屈从。"[1]

对于奕劻在袁世凯起用过程中所起的作用，日本外务省存有一则档案，十分能说明问题：

关于前电第399号所述问题，朗贝勒素日参与机要，今日退朝后即召川岛前往面晤，所谈内容大致如下：任袁世凯为总理大臣，全由庆亲王之一手荐举，那桐、徐世昌自然赞成，涛贝勒亦表同意。涛贝勒之所以同意，实因庆亲王、涛贝勒与泽公之间倾轧素深，近来几至达到顶点，涛贝勒甚至暗自忧恐其为泽公所暗害。当此时刻，如能引袁世凯入主中枢，或可缓和其间矛盾，至少可能暂时维持小康状态。此事，庆亲王与袁世凯之间事先似已早有默契，本人明日即将提出辞表，等等。[2]

毓朗时任清政府军谘大臣，素日参与机要，是奕劻的政敌，他在1911年11月1日与川岛浪速的这番谈话，真实反映了清亡前夕统治者高层权力倾轧的客观情况，对于奕劻在武昌起义后对袁世凯的力荐，无疑又是一个有力的佐证。

可见，正是在奕劻的坚持与保证袁世凯可用的前提下，载沣才勉强同意起用袁世凯，从而为解决南北争端找到了一个"合适"的人选。

在水到渠成情况下，同日，清廷终于同意奕劻的辞职请求，"袁世凯著授为内阁总理大臣……即行来京组织完全内阁，迅即筹划改良政治一切事宜"[3]，并接受奕劻的建议："袁世凯虽已授总理大臣，但派往湖北之陆海

---

[1] 载涛：《载沣与袁世凯的矛盾》，《晚清宫廷生活见闻》，文史资料出版社1982年版，第81—82页。

[2] 《日本外务省档案·伊集院驻清公使致内田外务大臣电》（第400号），邹念之编译：《日本外交文书选译——关于辛亥革命》，中国社会科学出版社1980年版，第58页。

[3] 中国第一历史档案馆：《光绪宣统两朝上谕档》第37册（宣统三年），广西师范大学出版社1996年版，第285页。

各军及长江水师，依旧归其节制。"①

奕劻荐袁代替自己以收拾时局的愿望终于实现了。

四、庆袁翻牌、清帝逊位

关于清帝逊位，以往的研究多关注袁世凯与革命党两个方面的压力，以及笼统地谈论清廷内部的争斗，具体到奕劻等人如何活动则明显关注不够。这时奕劻实际上已退居"幕后"，但因他的地位与声望使其在清帝退位方面的影响力不可低估。

世人多不知，在劝说清帝逊位的过程中，庆亲王奕劻起到了十分关键的作用。在辛亥政局中，袁世凯与奕劻再次联手，一位负责对南方的议和，一位则利用亲贵老臣的身份与隆裕太后对他极其信任的方便条件，担负起劝说隆裕太后同意清帝逊位的重任。

袁世凯复出掌握清王朝行政、军事大权后，奕劻的初衷达到了，世凯"既入都，则首谒亲贵，与之密商三昼夜。始而组织内阁"②。奕劻此时还十分信任袁世凯，甚至亲自出马劝说列强支持袁世凯。当日本公使伊集院拜访奕劻时，奕劻尚对袁世凯充满信心："袁世凯昨日如期到京，今后一切政务，悉以该员是赖，以图善后。今晨在皇上面前，袁世凯已与本人进行充分磋商。袁表示亟欲与贵公使会晤，面商种切，务望多方关照为盼，等等。"并一再言称："望诸事与袁世凯商谈。"但形势的变化却很快大大超出了奕劻的意料，奕劻想利用袁世凯挽救清王朝统治的目的落空

---

① 《日本外务省档案·伊集院驻清公使致内田外务大臣电》（第399号），邹念之编译：《日本外交文书选译——关于辛亥革命》，中国社会科学出版社1980年版，第57页。
② 许指严：《新华秘记》，荣孟源、章伯锋主编：《近代稗海》（三），四川人民出版社1985年版，第310页。

了。当"清廷已将万事委于袁氏双肩，指望借袁氏效力以维持清廷命脉"[1]时，袁世凯却"目光所注，全在外交及亲贵，故其布置亦惟对于此二者著著进行"[2]。"美国公使的电报称，袁世凯几乎把满族人全部撵走了，尽管他的地位不断地得到加强。"[3]袁世凯组阁后，首先罢免军谘府大臣载涛和毓朗，而由自己的朋友荫昌与徐世昌接替；其次与奕劻一起，迫使载沣交出"监国摄政王"的大印，退回藩邸；[4]"嗣后用人行政，均责成总理内阁大臣"。[5]同时，调冯国璋入京，接任禁卫军总统。不久，又用准备出征的名义把禁卫军调出城外，而派段芝贵另编拱卫军，驻扎城里拱卫。这样，袁世凯就接收了清廷统治下的全部权力，把清政府完全控制在了自己的手中。接下来，袁世凯并没有按着奕劻的希望进行，而是挟权与南方议和，养寇自重，"外挟民意，以制朝廷"[6]，打算牺牲清室来达到自己操纵政权的目的。

　　在袁世凯不主张用军事手段解决南方问题、南方革命力量日益壮大的

---

①　《日本外务省档案·伊集院驻清公使致内田外务大臣电》（第522号），邹念之编译：《日本外交文书选译——关于辛亥革命》，中国社会科学出版社1980年版，第65、66页。

②　中国历史博物馆编，劳祖德整理：《郑孝胥日记》第3册，中华书局1993年版，第1387页。

③　《英国外交部档案·布赖斯先生致格雷爵士函》，章开沅、罗福惠、严昌洪主编：《辛亥革命史资料新编》第8卷，湖北人民出版社2006年版，第145页。

④　在1911年11月19日，朱尔典致格雷的电报中称："唐氏（绍仪）的建议为：'由摄政王让权给袁世凯与庆亲王两人，以此为安顿国事不可缺少的预先步骤。他所计划的程序，乃有皇太后下谕旨，令摄政王让权，改由汉人辅佐宣统皇帝。"［章开沅、罗福惠、严昌洪主编：《辛亥革命史资料新编》第8卷，湖北人民出版社2006年版，第105页］。

⑤　中国第一历史档案馆编：《光绪宣统两朝上谕档》第37册（宣统三年），广西师范大学出版社1996年版，第330页。

⑥　岑春煊：《乐斋漫笔》，荣孟源、章伯锋主编：《近代稗海》第1辑，四川人民出版社1985年版，第107页。

形势下，庆亲王奕劻很快便醒悟过来，看清了袁世凯揽权的真实目的之所在。直到此时，奕劻才终于明白：力荐袁世凯代替自己组阁不过是引虎自卫，袁世凯亦非旧日之盟友了。眼下的各方博弈已经发展成为清皇室、袁世凯与革命党三方利益的角逐，而清室的去向则成为时局的重心问题。奕劻清楚地看到，清政权已为袁世凯势力所控制，隆裕太后与宣统皇帝已成了袁手中的傀儡，大清帝国已经无可挽救，"清室之命运悬于其手"①。唯有满足革命党的共和愿望、袁世凯对政权的野心，才可以打破僵局，达到保存清室与满洲亲贵利益的目的。"若不如此办法，两宫之危险，大局之糜烂，皆不可思议。"②为了解决问题，避免更大的内战，在无可奈何中，十分现实的奕劻只得开始"对共和表示理解或支持，表示支持南北方以议和方式来结束战争"③，实现从捍卫清王朝到保存清室的转变，支持清帝逊位，在现有条件下用不流血的原则换取一个各方都相对满意的结果。

于是，为了保存住清皇室，在无可奈何的情形下，奕劻在得到袁世凯

① 萧一山编：《清代通史》（四），华东师范大学出版社2006年版，第1022页。
② 许恪儒整理：《许宝蘅日记》第1册，中华书局2010年版，第395页。
③ 朱诚如主编：《清朝通史》第13卷，光绪宣统朝，紫禁城出版社2003年版，第726页。

保全清王朝宗庙之血食的情况下①，便开始了说服隆裕太后让出政权的艰辛过程。

清亡前夕，奕劻"最得隆裕太后之宠信"②。隆裕太后对奕劻是十分信任的，这除了奕劻的亲贵身份、宦海阅历、老成持重外，他在慈禧立嗣时的表现也获得了隆裕太后的极大好感。当初慈禧在立嗣的诏书中，只说到"溥仪著入承大统为嗣皇帝"，却根本没有明确光绪皇帝的嗣子问题。原来在慈禧的心目中，溥仪是同治皇帝自然的继承人，而不是继承光绪皇帝的。"奕劻请于诏书中加兼祧皇帝一语，后不应，有怒容。奕劻跪请至再，乃颔之。遂于诏书中加承继穆宗并兼祧大行皇帝一语，隆裕太后深德奕劻。故后虽载沣、载泽极力挤之而不能动，则隆裕拥卫之力也。"③正是因为溥仪兼祧光绪皇帝这一条是奕劻力争的结果，为隆裕争取

---

① 据许指严《新华秘记》记载：袁世凯因觊觎神器，曾邀奕劻密商，问奕劻是否想保全清室，奕劻扼腕流涕曰："奈何不思保全。顾自问绵力，恐无以胜此重任，故举一切委公。"袁问："公意固然，下走无庸复议。但兹事体大，形势瞬息万变，稍纵即逝。上有皇太后、皇上，公虽明达果断，其如掣肘何？"奕劻答曰："皇上幼冲，未能亲政。摄政王久已引嫌不问政务，公所知也。主大计者惟太后。太后视吾犹骨肉，凡所言无不从。公但有命，吾自能为公了之。"袁起致谢曰："然则今日之排难解纷，非公莫属。愿公开拓心胸，破除成见，创此千古未有之奇局，拯彼百万无辜之生灵，而且可保万岁祖宗之血食。"袁进而"举退位以谢天下之说进，且言苟能敦劝太后及早办理，则引各国宪法优待皇室之条，更当适合中国国情，使之双方美满，从此休兵息民，共享福利"。奕劻于是答应助袁玉成其事。[许指严：《新华秘记》，《近代稗海》第3辑，四川人民出版社1985年版，第310—311页]。另据萧一山在《清代通史》中记载：袁世凯"乃欲请清帝退位，实亦碍难开口，乃密持退位优待条件示奕劻，谓为清室及满人安全计，自以退位为最上策，否则革命党既不让步，用兵亦殊无把握，希奕劻设法疏解"。[萧一山：《清代通史》（四），华东师范大学出版社2006年版，第1075页]。
② 许指严：《新华秘记》，《近代稗海》（三），四川人民出版社1985年版，第310页。
③ 《清朝野史大观·清宫遗闻》卷1，上海书店1981年印，第117页。另据萧一山讲："德宗崩，奉遗照以溥仪入承大统。太后复令继承穆宗皇帝为嗣，兼承大行皇帝之祧。此奕劻力争之结果，故隆裕后极得知。"[萧一山：《清代通史》（四），华东师范大学出版社2006年版，第898页]

到了后来的皇太后地位，故而隆裕太后对奕劻不仅十分感激，更是十分信任。

在袁世凯代替奕劻就任内阁总理大臣一职后，奕劻虽然身居幕后，但因为他与袁世凯的特殊关系，又成为隆裕太后与袁世凯之间沟通的桥梁。在隆裕下谕让载沣退归藩邸后，她最信任最依赖的亲贵也就剩下奕劻一人了。事实上，她也将维系皇室的重任托付给了奕劻。在袁世凯与革命党的内外压力下，"皇太后似已内命庆亲王就目前时局问题与日、英两国公使磋商"①。在剥夺载沣摄政，同意袁阁与民军开议②，直至最后同意逊位等涉及清王朝命运的一系列重大问题上，隆裕太后皆听从了奕劻的主张。

许指严《新华秘记》中有这样一段史料，或可有助于说明上述问题："隆裕太后允下退位之诏，其内幕实出于某亲贵之劝逼。隆裕事后颇悔，然已无及矣，故哭泣数月即薨……先一日，亲贵入宫陈退位之说，隆裕太

① 《日本外务省档案·伊集院驻清公使致内田外务大臣电》（第723号），邹念之编译：《日本外交文书选译——关于辛亥革命》，中国社会科学出版社1980年版，第315页。

② 关于奕劻在唆使隆裕剥夺载沣摄政过程中的作用，本文第三部分有隆裕对溥伟所言为证。至于劝说隆裕同意让步召开国会以决政体之事，徐世昌曾言："唐（绍仪）电到后，袁约余（徐自谓）计议，认为国体共和，已是大势所趋，但对于宫廷及顽强亲贵，不能开口。若照唐电召开国民大会，可由大会提出，便可公开讨论，亦缓脉急受之一法。乃由余先密陈庆邸，得其许可，袁即往庆处计议，当约集诸亲贵在庆处讨论（载泽未到），决定赶由内阁奏皇太后召集王公大臣会议。次早，皇太后据内阁奏召集近支王公会议，庆邸首先发言，毓朗、载泽表示不赞成，然亦说不出理由。其余俱附庆议，于是允唐所请，当即下召集临时国会之谕。"［张国淦：《辛亥革命史料》，香港大东图书公司印行1980年版，第294页］另有据朱尔典言：庆亲王"和袁氏经过初步会商，起草了一份打算发给唐氏的电报，授权他同意在双方共同商定的条件下于两三个月内召开国民会议作出决定。亲王向我保证，此建议得到整个皇族的同意"。［《英国外交部档案·朱尔典致格雷爵士函》，章开沅、罗福惠、严昌洪主编：《辛亥革命史资料新编》第8卷，湖北人民出版社2006年版，第174页］

后犹艴然拒绝曰：'吾召袁世凯来京，与卿会同组织内阁，为保清祚也。今且此而断送天位，卿等辜恩负德，何以对祖宗于地下？'亲贵大惧……良久，太后聱聱不语，既而曰：'毕竟何法可解此厄？'亲贵知太后已无督过意，乃呜咽而泣。顷之，悲声大纵，且号且语曰：'民情风靡，士不用命，大事去矣！奴才无状，实不能有所计议。'太后亦泣曰：'竟至此乎？'亲贵乃历举冯、段电报及各省响应消息以告，且引袁世凯中外大势及善后事宜等称说，哀音瘏口，娓娓动人。太后曰：'吾一人断不固执成见，坐视荼毒生灵。第宗亲勋旧咸在，不可征集众见，决此大计，异日勿谓祖宗三百年基业，断送于妇女之手也。'亲贵叩首受命，且引今兹退位，系极光荣之事，与历姓亡国不同，愿太后分别此意，明白宣布。乃立请下征集御前会议懿旨并正式上谕。太后即口授亲贵大旨，命付内阁速行撰拟，盖皆亲贵一人敦促之力也。"[1]

上面史料中提到的"亲贵"，无疑，指的即是奕劻本人。他对隆裕所言的"民情风靡，士不用命"之语亦确实是当日的实情。至于奕劻所说的"今兹退位，系极光荣之事，与历姓亡国不同"之语则很可能是他与袁世凯等人商量后而抛出的一套劝说辞[2]，是针对隆裕太后的一种劝说策略而已。

宣统三年十一月二十八日（1912年1月16日），"奕劻、世凯入朝谒见清后，请示最后决策，乃订于次日召集王公内阁御前会议"的事情[3]。"闻内阁拟就上谕两道，一为逊国，一为宣战，阁臣不自擅决，付诸皇族会议，

---

① 许指严：《新华秘记》，荣孟源、章伯锋主编：《近代稗海》（三），四川人民出版社1985年版，第309—312页。

② 载涛曾言，隆裕太后平日宠信太监张兰德，言听计从，袁世凯摸清这条路线，专派人密向张联络。奕劻、那桐二人与张兰德里应外合，最终说动隆裕交出政权。[《晚清宫廷生活见闻》，文史资料出版社1982年版，第83页]另就笔者见到的资料来看，张兰德劝说隆裕同意逊位的言辞也与奕劻的一套说辞基本无二。

③ 萧一山编：《清代通史》（四），华东师范大学出版社2006年版，第1075页。

但若采用乙种办法，阁臣即一律辞职云。"①

1月17日，隆裕太后召开第一次御前会议。奕劻在此次会议上便主张有条件退位。"二十九日（1月17日），开御前会议，贝子溥伦首言：'我族再主中夏，固已绝望，即国民会议果开，于我亦决无利益。袁世凯虽力欲保存君主，而势孤党弱，譬之片石置急流，其何能济？目下和议虽未决裂，而南京已立政府，北伐之声，日益加厉，民军四布，与其待兵临城下，服从武力，何若自行逊让，爰蒂长留。况优待皇室，系民军商请，公论在人，似不中变。孙文虽暂为总统，岂能支此危局？闻已约定推袁世凯为总统，事若果成，岂但中国之幸？抑亦皇室之福！所虑者，袁世凯理学气太深，日来辞职之意，坚决非常，此则不可不虑。凡此宗支，当说其不可拘泥者也。'奕劻甚以其言为然。"②高拉尔得在致法国陆军部长的信中说："在第一次会议中，老亲王充当了退位的辩护人。"③据俄国驻北京代理公使世清致俄外务大臣沙查诺夫的电报，1月17日隆裕太后举行御前会议，"与会者有七名皇室亲贵和七名蒙古王公，皇帝的一位至亲庆亲王指出，经费和军需匮缺。他坚决主张在民军方面应允'保护皇族动产和不动产、保护宗庙、妥修德宗崇陵等条件下清帝退位'"。④然而，蒙古王公那彦图提出异议，认为革命军的保证不可信，"他是主战的"⑤。在这种争论不休的情况下，奕劻主张"'议事不可争执，况事体重大，我辈亦不敢决，应请

---

① 韩策、崔学森整理，王晓秋审订：《汪荣宝日记》，中华书局2013年版，第335—336页。

② 萧一山编：《清代通史》（四），华东师范大学出版社2006年版，第1075—1076页。

③ 《法国外交部档案·1911年1月22日的形势》，章开沅、罗福惠、严昌洪主编：《辛亥革命史资料新编》第7卷，湖北人民出版社2006年版，第405页。

④ 陈春华、郭兴仁、王远大译：《俄国外交文书选译（有关中国部分1911.5—1912.5）》，中华书局1988年版，第256页。

⑤ ［澳］骆惠敏编，刘桂梁等译：《清末民初政情内幕》上册，知识出版社1986年版，第838页。

旨办理'。言讫，即立起，群臣和之，遂罢"①。

1月18日，隆裕太后召开第二次御前会议。"奕劻仍执前议，并将密定之优待条件提出，蒙古王公反对更烈，亲贵中或意气沮丧，或稍活动，仍无结果而散。"②

1月19日，隆裕太后召开第三次御前会议。奕劻请假未经与议，但一改主张清帝逊位的立场，"亦不敢主张"③。"据说，庆邸不至，系为宗社党人所挟持"④。18日会后，"良弼等即结合同志三十余人，齐赴庆王府，包围奕劻，表示激烈"。⑤俄国代理公使世清在一份电报中称，他已获悉，"禁卫军军官代表曾去见庆亲王，并'以死相威胁'，迫使庆亲王在1月19日御前会议上放弃原声明而主张君宪"⑥。1月19日，水野幸吉在致莫理循的函件中也称"庆亲王出乎意料地突然改变了态度，变得拥护君主立宪。这显然是因为昨天晚上禁卫军的代表对亲王殿下进行了恫吓性的访问"。⑦在此次会议上，溥伟、那彦图、善耆都表示主战。隆裕向溥伟等人称，"我何尝要共和，都是奕劻同袁世凯说，革命党太利害，我们没枪炮，没军饷，万不能打仗。我说可否求外国人帮助，他说等奴才同外国人说看。过二天，奕劻说：外国人再三不肯，经奴才尽力说，他们始谓：革命党本是

---

① 溥伟：《让国御前会议日记》，中国史学会主编：《辛亥革命》（八），上海人民出版社2000年版，第112页。

② 萧一山编：《清代通史》（四），华东师范大学出版社2006年版，第1076页。

③ 许恪儒整理：《许宝蘅日记》第1册，中华书局2010年版，第390页。

④ 张国淦编著：《辛亥革命史料》，香港大东图书公司印行1980年版，第309页。

⑤ 萧一山编：《清代通史》（四），华东师范大学出版社2006年版，第1076页。

⑥ 陈春华、郭兴仁、王远大译：《俄国外交文书选译（有关中国部分1911.5—1912.5）》，中华书局1988年版，第267页。

⑦ ［澳］骆惠敏编，刘桂梁等译：《清末民初政情内幕》上册，知识出版社1986年版，第839页。

好百姓，因为改良政治，才用兵，如要我们帮忙，必使摄政王退位。[①]你们问载沣，是否这样说"。溥伟对曰："既是奕劻这样说，现在载沣已然退政，外国何以仍不帮忙，显系奕劻欺罔。"那彦图奏曰："既是太后知道如此，求嗣后不要再信他言。"但是，正如载沣所言："这两日来不知是怎样运动，老庆依然入朝，太后意思也颇活动，奈何奈何！"[②]

1月20日，隆裕太后召开第四次御前会议。在这次会议上，民政大臣赵秉钧、外交大臣胡惟德、邮传大臣梁士诒等合词言本非主持共和，特恐人心已去，君主终难保耳。乃请将北京君主政府，与南京临时政府同时撤销，另设立统一政府之议案提出，遭到满蒙王公亲贵强烈反对。在这次会议上，因"京中有人布散传单，竭力反对，并痛诋庆邸，故庆邸不甚发言"，[③]会议又无结果而散。

1月21日，隆裕太后召见奕劻、载沣，奕劻于八时呈递假牌请假，载沣以奕劻不应召，亦于中途折回。"逊国问题，以种种阻碍，急切颇不能解决。"[④]

1月22日，隆裕太后召开第五次御前会议。"奕劻未到，馀则赞成君宪者，十居其九。溥伟更力谏太后，勿为外人所惑。太后曰：'吾以逊位之事，非常重大，是以商之尔等，既均不赞成，吾又焉敢擅专？'言毕大

---

① 关于奕劻向隆裕太后报告的外国人要求摄政王退位一事，奕劻并没有撒谎，有下列材料为证："目前最迫切的需要看来是促成摄政王退位以及延长停火。关于第一点，摄政王被认为受到中国各派的反对，他对宪法的宣誓被看作是欺骗，袁世凯可能欢迎外国援助以促成退位。如果日本政府同意这一看法，英王陛下政府准备指示驻华公使与其日本同僚合作，给与袁世凯他们认为是得当的和可能的援助，以实现摄政王退位。"[《英国外交部档案·致日本代办备忘录》，章开沅、罗福惠、严昌洪主编：《辛亥革命史资料新编》第8卷，湖北人民出版社2006年版，第114页]
② 溥伟：《让国御前会议日记》，中国史学会主编：《辛亥革命》（八），上海人民出版社2000年版，第112—113、115页。
③ 韩策、崔学森整理，王晓秋审订：《汪荣宝日记》，中华书局2013年版，第335页。
④ 韩策、崔学森整理，王晓秋审订：《汪荣宝日记》，中华书局2013年版，第335页。

哭。诸亲贵亦唏嘘不置。"[1] "皇位退让之议，闻袁世凯将始终不列席。"会后，隆裕太后命奕劻、载沣前往征询袁世凯的意见，"袁谓：'此事非阁臣所敢擅拟，请各王公自决。'"[2]

从1月19日起，因宗社党甚嚣尘上，奕劻干脆托病不出，但这不能说他从此改变了赞成清帝逊位来换取保存清室的主张，实际上，以退为进是他惯用的招数，他在暗中从未停止说服隆裕太后的工作。皇室去向大计，仍"第视庆意如何耳"[3]。据亲贵载润回忆，奕劻极力渲染革命党军队力量之强大，清廷无力抵挡，最终影响隆裕太后决定下诏退位。载润说："奕劻内阁总辞职后，袁世凯内阁成立，将与革命军议和。时奕劻家居托病不出。载沣曾多次派王公、贝勒至其家敦请（我亦被派），始勉强进内应隆裕之召对。进内时即对大众声言：'革命军队已有五万之众，我军前敌将士皆无战意。'旋至听候召对室，又复申前言说：'革命党已有六万之众，势难与战。'当时那彦图闻而嘲笑之说：'数分钟内，革命党军队又增加了一万人之众，何其如此之速耶！'当时隆裕经奕劻如此说法，遂亦表示倾向议和。"[4]

在主战派占上风的亲贵会议召开后不久，1月26日，坚决反对逊位的宗社党首领良弼被革命党人彭家珍炸伤，旋即死去，主战的清室亲贵纷纷离京躲难于天津、大连、青岛等地，隆裕太后彻底绝望，当着国务大臣掩面而泣曰："梁士诒啊！赵秉钧啊！胡惟德啊！我母子二人性命，都在你

---

① 萧一山编：《清代通史》（四），华东师范大学出版社2006年版，第1076、1077页。

② 中国历史博物馆编，劳祖德整理：《郑孝胥日记》第3册，中华书局1993年版，第1386页。

③ 韩策、崔学森整理，王晓秋审订：《汪荣宝日记》，中华书局2013年版，第336页。

④ 载润：《有关奕劻的见闻》，《辛亥革命回忆录》第6册，中华书局1963年版，第465—466页。

们三人手中，你们回去好好对袁世凯说，务要保全我们母子二人性命。"[①]

1月27日，在袁世凯的授意下，段祺瑞领衔各军将领47人通电要求共和。[②]

1月28日，清政府"又接晋省文武电奏请逊位"[③]。

1月29日，袁世凯上奏折促清帝逊位，曰："近议国体一事，已由皇族王公讨论多日，当有决定办法。臣职司行政，惟尊朝旨。"[④]

1月30日，提心吊胆的隆裕太后最后召开御前会议，在这次会议上，被吓破了胆的诸王公亲贵均表示主和，不再反对共和，一致同意奕劻"官军既无斗志，不若逊位全忠，犹得待遇"[⑤]的主张，这样，便有了2月3日隆裕太后所下的"著授袁世凯以全权，研究一切办法，先行迅速与民军商酌条件"[⑥]的谕旨。至此，清廷彻底将自己的命运交给了袁世凯。

最终，利用北洋军的实力、列强与立宪派的支持、革命党的弱点及自己的资望，袁世凯迫使孙中山同意让出大总统的职位，袁则同意宣布赞成共和，并逼清帝退位。2月12日，清帝颁布逊位诏书。袁世凯与奕劻所演的双簧戏至此成功。

历史就是这样经常开些幽默的玩笑。袁世凯本是奕劻在清廷危难之际搬出来的"救世主"，然而，这个"救世主"却违背老朋友的心愿，非但没有尽力帮助老朋友，反而在关键时刻擅用清王朝做筹码，让自己坐上了

---

① 凤冈及门弟子编：《三水梁燕孙先生年谱》上册，1946年印，第111页。

② 1912年1月31日，张作霖与日本驻奉天总领事会晤时言称："北方将士之所以上奏表示赞成共和，乃袁世凯从中玩弄小手段所致。"[《落合驻奉天总领事致内田外务大臣电》（第68号），邹念之编译：《日本外交文书选译——关于辛亥革命》，中国社会科学出版社1980年版，第74页]

③ 许恪儒整理：《许宝蘅日记》第1册，中华书局2010年版，第391页。

④ 韩作：《袁世凯评传》，（台北）东西文化事业出版有限公司1999年版，第132页。

⑤ 朱诚如主编：《清朝通史》第13卷，光绪宣统朝，紫禁城出版社2003年版，第744页。

⑥ 张国淦编著：《辛亥革命史料》，香港大东图书公司印行1980年版，第311页。

最高权力的宝座，致使奕劻当初担保袁"不会有问题"的保证落了空。虽然清室得以保全，但这并不能让奕劻感到些许欣慰。他既然以自己所犯的错误让他赖以生存的王朝画上了句号，也就从此为自己这个官场"不倒翁"画上了一个落寞的句号。

五、得失之小结

中外大量的历史事实表明，统治者的统治危机往往首先是来自统治阶级内部堡垒的瓦解，为统治集团内部派系与权力争斗消耗所导致。清朝末年，统治阶级之间权力纷争不断，中央与地方的矛盾、皇族亲贵间的斗争、高层领导者的不团结、利益集团的搅局等，均使得本已衰弱至极的清政府更加雪上加霜，成为压垮清王朝统治的最后一根稻草。宣统年间，监国摄政王载沣的施政失策，皇族亲贵的内讧，取代军机处而成立的责任内阁的运作不力，袁世凯集团的离心离德，立宪派集团的不断搅局，最终，在一片纷纷扰扰的权力争斗中，宣统三年（1911年）九、十月间，清政府因为在铁路修建拥有权这个问题上处理不当，引发了保路运动与武昌起义。地方督抚、袁世凯集团、立宪派集团以及朝廷内部众多派系都在清政府危难之际不是施以援手，而是落井下石，纷纷背叛，因此清政权没有能再像昔日咸丰年间与庚子年间那样幸运地渡过统治危机，清王朝也由此结束了它统治中国二百多年的历史。清政权的瓦解与清王朝的灭亡，都与统治集团内部高层的分裂与内争有重要关系。

结　语

　　20世纪初十年（1901—1912年），面对内忧外患的严峻形势，清政府在改革与创新上花费了大量的气力。然而，改革与发展需要统治者高超的政治智慧与对国家治理能力的创新，晚清统治者不具备这种足够的智慧与执政能力，同时又缺乏应变与化解风险的本领，最终，新政没有能够成功，而清政府却因此付出了丢失政权的沉重代价。总结清末新政成败的历史经验教训，起码可以得出如下几点认识：

第一，穷则变

　　中国人第一次清醒地意识到现代化的巨大力量是在19世纪60年代之后，在此之前，欧美地区汹涌澎湃的现代化浪潮虽然已经通过各种渠道渗透与影响到近代的中国，但从乾隆皇帝开始，最高统治集团就是放不下自大自傲的架子，绝大多数中国人对此也显得无动于衷，虽然有极少数留心时务、初具世界眼光的士大夫对西方社会政治和风土人情有一番研究与介绍，但对这个注定要引领世界新潮流的现代化事物，认识实在还显得肤浅。相当一部分官僚士绅，对于西方的科技和物质文明一直采取贬低和不屑一顾的态度，对于西方的民主政体更是视为洪水猛兽。他们要么认为这些东西中国古已有之，不足为奇；要么断言它们纯属奇技淫巧，与中国国情不合。直到第二次鸦片战争后，这种情况才开始渐渐有所变化。

在曾国藩、李鸿章等部分疆吏在军事和外交方面跟西方列强打了多年交道之后，才深切感受到，现在所遇到的对手，是"数千年来未有之强敌"，其"轮船电报之速，瞬息千里；军事机器之精，工力百倍；炮弹所到，无坚不摧，水陆关隘，不足限制"。尤为难得的是，个别务实派官员已朦胧地认识到，现代化是世界潮流，在西方国家已有近百年历史，中国走现代化道路也是大势所趋，刻不容缓。用他们的话说，中国正面临着一场"数千年来未有之变局"。李鸿章就曾这样认为："泰西各国，皆起于弹丸之地，创造各样利器。未及百年而成就如此之精，规划如此之远，拓地如此之广。岂非举国上下积虑殚精、人思自奋之效乎？中国在五大洲中，自古称最强大，今乃为小邦所轻视。练兵、制器、购船诸事，师彼之长，去我之短，及今为之，而已迟矣。若再因循不办，或旋作旋辍，后患殆不忍言。"① 总之，只有敞开国门，学习西方长技，走现代化道路，中国才能生存于今日的世界，否则只能被这股世界潮流淹没，导致亡国灭种。

事实上，19世纪60年代出现的第一次"自强"运动，就是以建立现代化军事防御体系与工业化为目标，围绕着器物层面展开的。同治、光绪年间，务实派官僚对现代化的理解，后来被人们总结为这样一个公式，即"中学为体，西学为用"。

到了19世纪末，在救亡课题的驱动下，中国出现了一批由旧式士大夫转化而来的近代知识分子群体。他们对现代化的认识比洋务派明显前进了

---

① 李鸿章：《筹议海防折》，《李文忠公全书》奏稿，第24卷。

一大步。

康有为在谈到近代西方各国的情况时，说过这样一段话：

然而是三百年间，适当欧人新世勃兴，科仑布则寻得美洲，渐乃觅得全地以增新识，意大利文学复兴后，新教出而旧教殂，于是倍根、笛卡儿创新学，讲物质，自是新艺新器大出矣。突人得大炮火药于蒙古而输之欧，于是破封建万千之侯垒，而王权成，腾扬丕天之革命波，而立宪遍于各国矣。至近世百年，诸欧治定功成，其新政新法新学新器，绝出前古，横被全球，其汽船、铁路、电线、汽球并出齐奏，绝地通天，欧人用以囊括四海，席卷大宇，无有留者。①

由此可见，康有为对西欧各国现代化从科学革命到政治革命再到工业革命的基本情况已经有了比较清晰的认识。不仅如此，康有为还强调，现代化是一场涉及各个领域的全面性变革，用他自己的话来说：

方今（中国）累经外患之来，天下亦知旧法之敝，思变计图存矣。然变其甲不变其乙，举其一而遗其二，枝枝节节而为之，逐末偏端而举之，无其本原，失其辅佐，牵连并败，必至无功。

为了说明这一点，他区分了"变事"与"变法"两个概念。康有为说：

今天下之言变者，曰铁路、曰矿务、曰学堂、曰商务，非不然也。然若是者，变事而已，非变法也。

在康有为看来，所谓变事，就是仅仅在经济、技术层面进行变革，而变法则是有"规模"、有"条理"、有"纲领"、有"节目"、有"宪法"、有"章程"，"损益古今之宜、斟酌中外之善"的全面性变革。因此，"不

---

① 汤志钧编：《康有为政论集》上册，中华书局1981年版，第298—299页。

变则已，若决欲变法，势当全变……本末并举，首尾无缺，治具毕张，乃收成效"①。

维新派代表人物梁启超在他的《过渡时代论》一文中则把现代化理解为"过渡时代"所特有之现象。他认为，欧洲各国近200年来均处在过渡时代，英国算是其中"顺流而渡"的国家，法国"乱流而渡"，德国、意大利和瑞士，则是"方舟联队而渡"，美国、匈牙利"攘臂凭河而渡"，东南欧塞尔维亚和希腊皆为"借风附帆而渡"。至于中国，过去一直处在"停顿时代"，"数千年来，常立于一定不易之域，寸地不进，跬步不移，未尝知过渡之为何状也。虽然，为五大洋惊涛骇浪之所冲击，为十九世纪狂飙飞沙之所驱突，于是穷古以来，祖宗遗传深顽厚锢之根据地遂渐渐摧落失陷，而全国民族亦遂不得不经营惨淡，跋涉苦辛相率而就于过渡之道。故今日中国之现状，实如驾一扁舟，初离海岸线，而放于中流"。在世界范围的现代化大潮冲击之下，中国也已经进入了过渡时代。

梁启超进一步指出，在这个过渡时代，有这样几件事有待国人去做："语其大者，则人民既愤独夫民贼愚民专制之政，而未能组织新政体以代之，是政治上之过渡时代也；士子既鄙考据词章庸恶陋劣之学，而未能开辟新学界以代之，是学问上之过渡时代也；社会既厌三纲压抑虚文缛节之俗，而未能研究新道德以代之，是理想风俗上之过渡时代也。"②由此看来，梁启超把政治制度、思想学术、社会风尚的变革，都当成现代化过程中首先要完成的重要环节。

光绪二十一年（1895年），中国在甲午战争中被日本打败。甲午战争的惨败结局，不仅强烈地震撼了朝野上下的心灵，也从根本上扭转了晚清士风。如果说，在甲午之前，中国的统治集团以及士大夫阶层还像鸵鸟一样，基本上生活在与现代文明相隔绝的传统世界里，"西学"的传播仅仅

① 汤志钧编：《康有为政论集》上册，中华书局1981年版，第275—277页。
② 梁启超：《过渡时代论》，载《清议报全编》第1册。

局限在沿海通商都市，其内容也仅仅局限于自然科学知识与基督宗教的话，那么，甲午以后，清王朝的朝野上下都在不同程度上走出了传统思想的窠臼，或多或少地认识到了现代文明的重要性。鸦片战争以后一直死气沉沉的统治阶层与士大夫精英阶层，直到这个时候才终于骚动起来。

甲午战争以后的中国，由于《马关条约》的签订，德国对胶州湾的强占，使中国统治精英与士绅阶层产生一种前所未有的危机感，他们大多认识到了改革的重要性。当时，在士绅官僚中广泛存在的看法是，中国只有通过更积极、更广泛的变革才能求得生存。这种共识，是自鸦片战争以来数十年所不曾有过的。最能说明这一事实的例子是，光绪二十一年（1895年11月）康有为在北京成立强学会后，参加强学会的不但有康有为、梁启超这样的知识界精英人物，而且还有袁世凯、聂士成这样的军界将领。身任军机大臣或地方督抚要职的高层官僚如翁同龢、孙家鼐、李鸿藻、王文韶、张之洞、刘坤一等人也都成为强学会的会员或赞助人。强学会是自清王朝建立以来从未有过的政治参与的新形式，在清王朝高度专制体制下，这种由民间自发组织的并由高级官员自愿参加的新型组织的出现，说明在民族与国家危机面前，士大夫阶层与官僚阶层已经共同携起手来。

不仅如此，一个值得注意的现象是，在甲午战争以后，甚至连那些以保守著称的人士，也都开始出现了新变化。徐桐奏请调湖广总督张之洞入京来主持全国的改革；即使于荫霖这样的极端保守的人士也认为，"徐图而渐更之"的"不立其名"的变法也还是可取的。这种社会心态的存在，表明进一步改革可能引起的人为的阻力实际上已经比过去大为减少，这无疑是体制创新的有利条件。在这样的情况下，光绪二十四年（1898年），在中国古老的大地上，康有为、梁启超等人终于鼓荡成了一次十分激进的维新变法运动。

这场改革运动虽然因为改革派的政治不成熟刚刚起步就遭受失败，但它对传统政治体系的挑战和威胁无疑是巨大的。在此期间，康有为先后上给光绪皇帝37份奏折，在政治、经济、军事、文教等方面提出了28条实质性的建议。而光绪皇帝也尽可能地采纳了这些奏折，先后112次颁布"上谕"，从政治、经济、文化等方面进行全方位的变革。这些改革，最重要的包括：（1）政治上，确立政治变革的大政方针，进行相应的机构改革。（2）经济上，创设新机构，振兴工商业和农业，劝励工艺，奖募创新。（3）建设经济发展的基础设施。（4）国防现代化。（5）废除科举，建立新式教育制度。

以"百日维新"为高潮的这场政治变革运动，是鸦片战争以来中国早期现代化历程上的第一次全方位的尝试，它第一次把现代化政治意识传播给了中国社会；第一次唤醒了在传统专制政治下麻木数千年之久的中国知识阶层，并成就了中国第一代具有现代意识心态的知识分子；它运用朝廷权威，第一次通过全国性的社会动员，向传统政治文化和政治结构发起了全方位冲击，由此揭开了中国政治现代化的序幕。虽然这场变革因为多种原因而流产，但它对中国政治日后变化发展的历程，不是显得可有可无，而是显得十分的必要。

晚清政局的变化层层相因，一环紧扣一环，这种"链式反应"，在戊戌政变以后显得尤为明显。

"百日维新"失败后，慈禧太后直接从垂帘听政走到前台，但是，从她重用保守派集团，到义和团入京，再到八国联军侵华和辛丑和约的签订，直至最后一批保守派首要人物按和约要求被处死、罢黜，这一连串事件的发展，仅仅是在短短二三年之间的事。局势变化之快、结局之惨，让慈禧太后深感意外、大为震惊，同时也使得她的政治态度跟以前相比来了个180度的大转弯。

光绪二十六年十二月初十日（1901年1月29日），还在流亡途中的慈禧太后痛定思痛，经过慎重考虑，以光绪皇帝的名义发布了一道力求振作自强的上谕。这道上谕在总结过去洋务运动成败的基础上，进一步提出了向西方学习的主张。希望突破洋务运动的樊篱，认为富强之路、振兴之望在于必须舍西政之皮毛，而求西政之本源。这又是从一个极端走向了另外一个极端。

从光绪二十七年到宣统三年（1901年至1911年）十年间，清政府几乎尽其所能全面实施了新政。主要包括：

政治和法律方面，改过去的"总理各国事务衙门"为"外务部"，班列六部之前；裁撤若干旧衙门，减少重叠和虚设机构；裁汰书吏差役，整饬吏治；废止苛刑，准许满汉通婚，采用西政，逐步建立君主立宪政体等。

军事方面，停止武科举，裁汰制兵练勇；遍设武备学堂，编练新军；创办警察制度等。

经济方面，在中央设立商部，推进工商业发展；颁布《商部章程》《奖励公司章程》《重订铁路简明章程》《劝办商会简明章程》《矿务暂行章程》《公司注册试办章程》《试办银行章程》等，使各项工商活动有法可依；创办户部银行（后改为大清银行）推广先进农业技术等。

教育方面，废止科举制（1905年），通令各省设大、中、小学堂，统一全国学制，设立各种实业和师范学堂，中央成立学部，选派留学生出洋，并奖励自费留学，学成回国，经考核后分别赏给进士、举人等项出身。

清末新政，就其实施结果而言，最终没能挽救清王朝覆灭的命运，它也随着清室退位而中断。但是，这场变革不是可有可无，而是给鸦片战争以来步履艰难的中国早期现代化进程带来了新的契机。它解放了人们的思想，给中国的改革开放事业提供了一个合法性基础，使各项现代变革成了堂堂正正、理直气壮的事情，而那些企图阻挠变革与发展的保守派官僚，却从此失去了赖以抗拒的盾牌。新政实施以后，那种气势汹汹地公开阻挠改革的极端顽固分子，再也不敢抛头露面了，改革的阻力大大地减小了。变法维新与学习西方在中国从此成为一股汹涌澎湃的时代浪潮，这不能不说是一个巨大的历史进步！

第二，变，未必通

众所周知，戊戌变法与清末新政是中国近代历史上前后相继的两次变革运动，但它们都以失败而告终。如果说，戊戌变法失败的原因还较为简单，还比较容易理解的话，那么，导致清末新政从发起到走向失败的原因则复杂又多变，历史留给这个王朝改革成功的几率相当有限。

大体上说，新政过程中存在着戊戌变法时期所没有的四个问题。这些问题与矛盾只有在改革引发的社会变迁达到了一定程度以后才会显现出来。

新政面临的第一个问题，是鼓动政治改革者盲目照抄照搬西方政治社会制度。

在新政过程中，作为清末现代化精英的绅商阶层，存在着一种对他们的政治选择与政治行动具有巨大影响力的心理死角，这就是为了他们能够迅速参政议政，他们不顾西方的政治制度是否适用于中国当时的具体现状，盲目急躁地把引入与全盘移植这种制度作为解决中国问题的工具与方法，其结果必然会出现消化不良与水土不服等种种症状。

在一个民族面临重重危机与极大外部压力的情况下，制度主义者的思维方式预设一种良好的政治制度——例如西方宪政制度，可以无条件地适合于所有民族与国家，并且可以产生与西方国家同样的效能。这种预设会使危机压力下的变革者顺理成章地认为，只要大幅度地快速地移植某种被认为是良好的特定的西方制度，就可以使本民族摆脱危机，就可以迅速地让中国实现富强。受这种思想理念影响的人们的危机感越是强烈，那么，他们引入这种制度的要求与渴望也就越强烈，其变革态度也就变得越激进，因而也就越发缺少理性，而不会用慎重的态度去对待国家治理的根本方向问题。这种情况，在清末最后几年中从立宪派掀起越来越激烈的国会请愿运动与急躁冒进的情绪中可以清楚地看到。这种颇具乐观色彩的制度主义的思想方法，远比焦虑型的激进主义更具有民众影响力，因而更能为社会各个阶层，包括官僚阶层与体制外的精英人士所接受，这就在某种程度上决定了清政府改革失败的宿命。

新政面临的第二个问题，是改革进一步引发了政府合法性危机。

改革愈深入，原来潜在的各种矛盾就会愈暴露，从而引发民众对政府的信任危机。这种危机一方面强化了当权者的变革意识，出于维系王朝统治的本能，他们比过去任何时候都更为主动积极地推进变革；另一方面，这种危机又使统治者的统治合法性在知识精英与民众的心目中产生了严重的动摇，从而会影响到改革与新政的正常推进。

清末新政是一场由传统专制君主所发动的自上而下的变革运动。如同历史上所有的变革运动一样，必须以中央政府的权威合法性资源的相对充实作为成功的基本条件。

但是，自鸦片战争以来，连续不断的丧权、割地、赔款，尤其是庚子事变所导致的空前的民族生存危机，已经从根本上削弱了清政府的统治合法性。

到20世纪最初十年，因为庚子事变与辛丑条约的巨大国耻，清王朝的统治权威愈来愈受到人们的普遍质疑，其权威合法性资源开始急剧流失，逐渐丧失了对本国臣民的统治能力。直到此时，清王朝统治者才真正意识到认真改革的迫切性和必要性，然而，恰恰由于这个政权在此之时已经没有足够的权威资源可以用来动员与唤起民众，传统权威已很难成为转变秩序的支撑点和力量的集汇处。清政府统治权威合法性资源的急剧衰落，对于清王朝推行前所未有的新政改革无疑产生了很大的破坏作用。

正是因为清政权陷入了合法性危机，这就会迫使清朝的最高统治者，以过去前所未有的决心和迫切心情，希望通过加速变革来恢复它在臣民心目中原本享有的权威地位，力求以改革的实效来赢得民众的信任与拥护。单就这一点而论，清末政府合法性危机的形成，对于驱使传统专制政权从保守转向变革，未尝不是一个积极的因素。可是，冰冻三尺，非一日之寒。中国面临的问题太多，非假以时日，精雕细刻，慢工出细活，不足以出成绩。而改革领导者在民族危机与主权危机的驱使下而产生盲动的情绪，从而采取盲目的引进手段、大跃进方式、一揽子工程，这不仅不能成事，实际上对国家建设的消极面影响更大。

很不幸的是，政府权威合法性资源的丧失，对于一个充满焦虑的统治者来说，其推进改革失败的概率则会更大。

那就是，（1）要冒欲速则不达的风险；（2）在这场前无古人的政治动员与政治整合实践中，统治者有无能力全面挑起这副重担。

因为在此时，他们已经缺乏足够威信、能力和命令的贯彻能力来有效地动员社会各种资源，整合社会并控制改革的进程，从容地化解各种风险。这往往意味着，越是陷入危机的泥潭，他们就越会被深重的内外危机感所引发的焦灼心态所驱使，去从事远远超出自己能力与现实客观条件所许可的大幅度的、高难度的变革。这往往意味着各种从未经过实验的新举措会连番出台，以至于饥不择食，从而严重违背欲速则不达的常理，形成难以控制的爆炸性的局面。

尤其要命的是，对于清政权而言，它的统治合法性还面临着其他民族所没有的特殊问题。那就是统治民族与被统治民族彼此间的异质性问题。清王朝是由满洲民族建立的一代王朝，作为被统治民族中主体成分的汉族对这一异族王朝的统治具有很深的潜在的不信任感。这种不信任感使清政权在受治者心目中的合法性，远比同族王朝政权的合法性更为脆弱。这也就是说，当统治民族在应付外力压迫方面出现过失以及由此引起的国家屈辱时，异族统治者所犯的错误与失败，就更难为被统治者所容忍和谅解。庚子事变之后，清政权被革命派称为"洋人的朝廷"，这一论断并不完全合乎历史事实，却在青年一代的知识精英层中有广泛的支持者。以"革命排满"来追求国家富强的目标，已经构成了不断冲击清政府的巨大政治思潮。这一点可以解释清政权的统治权威合法性在中国早期政治现代化过程中何以显得如此的脆弱与不堪一击。

新政面临的第三个问题，是随着改革推进而出现的"改革综合征"。

这种"改革综合征"主要表现为中央政府权威地位在人们心目中的急剧下降、地方离心力的增强，变革时代可能会引发的人们行为规范的"失范"，以及伴随而来社会道德的全面沦丧、政治腐败、利益集团的凸显、财政危机、民间动乱、人们思想的前所未有的解放、对政府批评不断升级，等等。这种"改革综合征"，一方面加重了原已有之的政权合法性危机，另一方面又激起了民众与知识精英更加强烈变革政治制度的要求。

新政面临的第四个问题，是由于西方列强历年对中国压迫与侵略，极大地限制了中国实现现代化的机会、条件和能力。

列强的侵略与压制对中国早期现代化的负面影响主要集中在以下几个方面。

（1）以英法日俄为代表的列强诸国，通过用战争的方式战胜中国，迫使中国政府签订各种不平等条约，削弱了中国政府在对于发展至关重要的那些领域中的决策自主权，特别是在对国家财政、关税与海关等方面收入的控制。

（2）列强的五次大规模的侵华战争，使中国不断陷于战争与军事上的失败状态，国防的无力与虚弱大大削弱了清政府的统治权威，而这种权威本来是国家督导改革成功所必需的前提条件。

（3）庚子事变以后，当清政府终于准备为拯救国家而努力大幅度改革之际，列强诸国强加给中国的巨额赔款却耗尽了中国现代化发展所亟需的财源，使中国政府为实现本国现代化可以动员的财力资源几乎枯竭。这种情况使得清政府不得不或向西方各国贷款，或加重民众的负担，从而又引起国人的怀疑和反感以及增强中国对外国的依赖，种种因素交织在一起，进一步加速了社会矛盾的总爆发。

上述这一切均表明，虽然清政府在内外危机面前坚定地迈开了改革的步伐，但其前途并不光明，似乎仍是一片黑暗。全方位的变革并没能给这个危机四伏的清政府带来任何化解危机的迹象。

第三，种瓜得豆

清末新政并未能挽救已经病入膏肓的清王朝，相反却大大加速了它灭亡的步伐。猛的看来，这似乎不可理解。既然都改革了，为什么还是不能挽救王朝覆亡的悲剧性命运？但如果冷静思考，其实并不难理解。这是因为，改革的历史过程实际上是一个全民政治参与逐渐扩大的过程，处于传统体制下的各种社会群体和阶层，在这场改革过程中，力求通过各种途径向清政府提出自己的政治诉求并希望能够以此影响到政府的政策制定与实施范围。但是在20世纪初传统体制与传统意识仍然占主导地位的中国，尤其是清政府出现统治合法性危机的情况下，这种全方位大幅度的改革往往会引发政治危机、局势动荡、利益之争与权力争斗，甚至会导致列强干涉等种种恶果，搞不好还会引发政权被颠覆的危机，清政权垮台的惨烈事实就有力地证明了这一点。

在清末新政的改革过程中，清政府实际上并没有得到什么好处，相反，倒培养出了三个新生的只考虑自己立场的利益集团。

一个是以张謇为代表的国内立宪派集团。这个集团以新生的商人阶层与士大夫精英阶层为核心力量。

另一个则是以袁世凯为代表的北洋集团。这个集团以官僚阶层与军人阶层为根本。

第三个是以留学生为首的各省新军团体。正是这三个利益集团不断的政治诉求与政治鼓荡，耗尽了大清帝国最后一点生存能量。

在清末最后几年，立宪派集团建立了自己的组织和政党，控制了各地民意机关，建立起了一系列合法性政治团体，已经形成为一支庞大的社会与政治力量，他们的政治倾向如何，对革命派和清政府的前途都会产生举足轻重的影响。

与立宪派集团因为政治诉求不得而搅局的同时，袁世凯则利用清政府为挽救摇摇欲坠的统治而急于改革的心理，充分利用新政合法条件，大力发展自己半私人化的北洋军队与政治派系，取得了直隶与京都的警察统治权力，建立自己的经济支柱——北洋实业，安插自己的亲信与部下于国家各个重要部门，垄断了与列强进行外交活动的诸多权力，形成和发展了自己的集团势力，对掌握中央政权已经长达200多年的满洲亲贵集团的政治垄断地位，造成了严重的威胁。在这场权力角逐过程中，袁世凯不仅成功地发展了自己的势力，而且赢得了赫赫声名与中外的关注，使自己的声望如日中天，为中外所观瞻。新的军事与政治权威的出现，表明清王朝政治均衡已经遭到了彻底的破坏。

在立宪派与北洋系两个既得利益集团不断提高自己政治诉求的同时，以清末编练新军而崛起的各省近代军人团体也在同时发生着政治逸轨的行为。这不难理解，在清末新政中，各省用西式兵役、装备、操练及新式思想锻造而成的近代军人意识已经与传统的只知忠君报效的军人意识大相径庭。这些深受近代民族主义和民主共和思想影响的新式军人团体虽然是缘清政府企图振刷武备而产生，但他们很快就成了清王朝的异己力量和最不稳定的因素。因为对清政权政治衰朽、财力匮乏以及自己处境地位的严重不满，革命党人的排满宣传就很容易在这些新军官兵中引起共鸣。清亡前夕新军积极参与政治性社团组织活动的事实说明，接受近代民族民主思想观念的新式军人与清政府发生彻底的决裂将是不可避免的结果。

辛亥年间，武昌起义的枪声一响，各省新军团体纷纷倒戈，迫使当局宣布脱离清政权而独立。袁世凯集团更是趁此良机联合立宪派集团，利用革命党的声势，共同逼宫，迫使清廷交出政权，最终结束了清王朝的统治。

第四，启示与鉴戒

清末十年，面对民族生存危机、国家存亡危机、政府统治危机、世界各国间的竞争危机，时代所给的主题是救亡与自救。为了救亡与自救，清政府在改革、开放的道路上大步前行，结果，一方面是中国社会在政治、经济、军事、教育、法制等方面都有了长足的进步，但另一方面，社会进步了，清政府却垮台了。这似乎是一个悖论。新政失败是多因一果，值得总结与深思：

（1）从清末新政的经验教训来看，一个封闭的只代表部分人利益的政府是不可持续的，是没有出路的，而一个开放的能够代表社会各阶层利益的政府则是可以持续的，是有前途的。

（2）政府的政治权威与统治合法性是建立在民众的信任、认同与拥护、支持的基础之上的。在改革过程中，不断提高政府的执政能力与创新能力显得十分的迫切和重要。政府能否持续做出让民众得益与赞同的事情，是否能够代表与维护民众的利益，是政府前途光明与否的一个重要标志，是政府能否具备强大动员力的一个基础。

（3）社会在发展，政治必须与时俱进，改革不是可有可无的事情，而是一种社会的常态。能否抓住时机实现成功的转型是考验政府执政能力强弱的一个重要标尺。执政者如果能够充分打好改革创新这张牌，对其统治与政局的稳定显得十分的重要。晚清历史表明，当改革停滞不前的时候，民众对政府的信任危机就会加大，反政府革命就会悄然而至。

（4）在社会重大变革过程中，往往会出现一些新兴阶层与既得利益集团。政府改革的阻力，往往来自某些既得利益集团。一旦个别利益集团在国家政治生活中凸显，政局不稳定因素的概率就会大大增加。既得利益集团之所以强大到难以动摇，敢与中央政府争利与叫板，不仅仅是他们拥有强大的物质财富或者别的什么资本，而在于他们与各级政府或者政府官员之间的利益上存在着千丝万缕的瓜葛，以至于当政者想下定决心解决问题时，却投鼠忌器，不知该从何入手。

（5）腐败是吞噬政府生命力的癌细胞。它足以降低政府的执政能力，动摇民众对政府的信心与支持。

（6）百足之虫，死而不僵。根本的问题还是搞好统治者内部的团结。一个有着200多年执政历史的政府就像一棵古老的参天大树。尽管问题很多，危机重重，但如果统治集团内部不出现争斗与内耗，外部的风雨是不能轻易撼动它的根基的。

（7）单纯的中央集权或是过度的地方分权，都不是处理中央与地方关系的最佳办法。传统时代中央政府过度的集权与集利的模式已经不适合全球一体化越来越严格的发展要求；过度的放权与放利，又会因为纵容地方而出现地方割据与不服从中央政府的混乱局面。最理想的中央与地方关系，应该是中央与地方在权力资源配置上的平衡与协调的关系。中央政府既不能过分集权集利，地方政府也不能过度分权分利，双方应该平衡协调发展，一切听从中央政府的调配，建立起一个具有中国特色的适合时代变化需要的体制模式和管理机制。

（8）晚清以来，传统的治边问题已因全球一体化问题而发生了重大的改变。正确的治边政策是应该具有世界眼光，具有新的战略意识，应将军事、外交以及对边疆地区全方位的开发与政治治理等多方面有机结合的一个全方位的政策。对边疆地区采取灵活适当的政策、策略与加强对边疆地区的有效开发，是处理好中央与边疆地区关系的最佳方案。

（9）在中国这样一个具有数千年历史文化传统的大国，政治变革必须慎之又慎，必须以尊重自己本民族特色和文化传统作为改革的前提基础，任何激进理想主义或者不作为主义，包括不负责任的自由利己主义，都会酿成国家和民族的大灾难。中国有自己的政治与文化的土壤，学习与引进外国的先进文明是应该的，但引进时不仅要注意持重稳妥、不急不躁，更要注意不出现排斥的反应。这既要有汉唐兼容并包的拿来精神，又要有消化一切的汲取能力与良性的政治机制的保障才可成功。

（10）兵民是立国之本。民众利益问题、军队权力问题说到底是支撑政府存在的基础。在任何时候，政府施政皆必须考虑与处理好这两个问题。如果这两个问题能够妥善得到解决，政府的统治就会固如磐石。

（11）发展才是硬道理。弱国无外交。国家的和平与稳定是建立在自己强大的综合国力基础之上的。一旦国家总体制度缺少了国际竞争能力，国家的衰落就会变得不可避免，这时民众对政府的信任感就会急剧地降低，从而给反对派提供颠覆政府的口实。

（12）"强"政府在任何时期都是工作之重。很难设想，在中国这样一个疆域辽阔、民族成分众多的国家，一个权威弱化的政府能够凝聚与动员起社会各阶层，担当起改革、创新与稳定发展的重大责任来。

（13）政治就是搞好社会各阶层的一种平衡艺术，是一种将各阶层利益与诉求最大程度普遍化、均衡化的过程。能否具有这种政治管理的能力，对执政者是一个很高的要求与挑战。

（14）政治民主与开放的程度，官民之间的矛盾，对利益集团的驾驭，克服政府执政能力的不断弱化，消弭统治集团内部的分歧，有效地处理好全球化背景下大国外交以及反腐败机制的健全等问题，都是政府在改革与创新进程中必须要不断花大气力处理好的重大课题。这是一种政治智慧，晚清政府没有这种智慧与能力，这是导致它败亡的重要原因。总之一句话，清政府的新政失败是治理能力不足与治理体系不完善所导致的结果。

主要参考书目

王铁崖编：《中外旧约章汇编》，生活·读书·新知三联书店1957年版。

朱寿朋编：《光绪朝东华录》，中华书局1958年版。

钱实甫著：《清代的外交机关》，生活·读书·新知三联书店1959年版。

黎澍著：《辛亥革命前后的中国政治》，人民出版社1961年版。

李剑农著：《戊戌以后三十年中国政治史》，中华书局1965年版。

赵尔巽编纂：《清史稿》，中华书局1976年版。

中国社会科学院近代史所民国史组编：《清末新军编练沿革》，中华书局1978年版。

张枬、王忍之编：《辛亥革命前十年间时论选集》，生活·读书·新知三联书店1978年版。

故宫博物院明清档案部编：《清末筹备立宪档案史料》，中华书局1979年版。

陈旭麓等主编：《辛亥革命前后——盛宣怀档案资料选辑之一》，上海人民出版社1979年版。

邹念之编译：《日本外交文书选译——关于辛亥革命》，中国社会科学出版社1980年版。

钱实甫编：《清代职官年表》，中华书局1980年版。

杜春和、林斌生、丘权政编：《北洋军阀史料选辑》，中国社会科学出版社1981年版。

丁文江、赵丰田编：《梁启超年谱长编》，上海人民出版社1983年版。

黄濬著：《花随人圣庵摭忆》，上海古籍出版社1983年版。

薛福成著：《庸庵笔记》，江苏人民出版社1983年版。

孙宝瑄著：《忘山庐日记》，上海古籍出版社1983年版。

胡滨译：《英国蓝皮书有关辛亥革命资料选译》，中华书局1984年版。

陈夔龙著：《梦蕉亭杂记》，北京古籍出版社1985年版。

秦国经著：《逊清皇室轶事》，紫禁城出版社1985年版。

章伯锋、荣孟源主编：《近代稗海》，四川人民出版社1985—1989年版。

吴永口述、刘治襄记：《庚子西狩丛谈》，岳麓书社1985年版。

荣庆著：《荣庆日记》，西北大学出版社1986年版。

〔澳〕骆惠敏编，刘桂梁等译：《清末民初政情内幕》（上），知识出版社1986年版。

廖一中、罗真容整理：《袁世凯奏议》，天津古籍出版社1987年版。

来新夏主编：《北洋军阀》，上海人民出版社1988—1993年版。

严中平主编：《中国近代经济史（1840—1927）》，人民出版社1989年版。

王文韶著：《王文韶日记》，中华书局1989年版。

卞孝萱、唐文权：《辛亥人物碑传集》，团结出版社1991年版。

劳祖德整理：《郑孝胥日记》，中华书局1993年版。

中国第一历史档案馆编：《光绪朝朱批奏折》，中华书局1995年版。

中国第一历史档案馆编：《光绪宣统两朝上谕档》，广西师范大学出版社1996年版。

〔美〕拉尔夫·鲍威尔著，陈泽宪、陈霞飞译，《1895—1912年中国军事力量的兴起》，中华书局1978年版。

李宗一著：《袁世凯传》，中华书局1980年版。

金冲及、胡绳武著：《辛亥革命史稿》，上海人民出版社1980—1991年版。

章开沅、林增平主编：《辛亥革命史》，人民出版社1981年版。

〔美〕李约翰著，孙瑞芹、陈泽宪译：《清帝逊位与列强》，中华书局1982年版。

彭泽益著：《十九世纪后半期的中国财政与经济》，人民出版社1983年版。

申君撰：《清末民初云烟录》，四川人民出版社1984年版。

王德昭著：《清代科举制度研究》，中华书局1984年版。

王家俭著：《清末民初我国警察制度现代化的历程（1901—1928）》，（台北）商务印书馆1984年版。

刘厚生著：《张謇传记》，上海书店1985年影印版。

费正清编：《剑桥晚清中国史》，中国社会科学出版社1985年版。

刘子扬编著：《清代地方官制考》，紫禁城出版社1988年版。

赵军著：《折断了的杠杆——清末新政与明治维新比较研究》，湖南出版社1992年版。

侯宜杰著：《二十世纪初中国政治改革风潮——清末立宪运动史》，人民出版社1993年版。

龙盛运主编：《清代全史》第七卷，辽宁人民出版社1993年版。

刘子明著：《中国近代军事史研究》，江西人民出版社1993年版。

苗长青著：《晚清官僚派别派系研究》，辽宁大学出版社1993年版。

［澳］冯兆基著，郭太凤译：《军事近代化与中国革命》，上海人民出版社1994年版。

胡福明主编：《中国现代化的历史进程》，安徽人民出版社1994年版。

谢俊美著：《政治制度与近代中国》，上海人民出版社1995年版。

许纪霖、陈达凯主编：《中国现代化史》（第1卷），上海三联书店1995年版。

朱英著：《晚清经济政策与改革措施》，华中师范大学出版社1996年版。

罗尔纲著：《晚清兵志》，中华书局1997年版。

刘成禺著：《世载堂杂忆》，辽宁教育出版社1997年版。

胡思敬著：《国闻备乘》，上海书店出版社1997年版。

金梁著：《光宣小记》，上海书店出版社1998年版。

张国淦著：《北洋述闻》，上海书店出版社1998年版。

张一麟著：《古红梅阁笔记》，上海书店出版社1998年版。

陶菊隐著：《政海轶闻》，上海书店出版社1998年版。

黄濬著：《花随人圣庵摭忆》，上海书店出版社1998年版。

王晓秋、尚小明主编：《戊戌维新与清末新政》，北京大学出版社1998年版。

吴春梅著：《一次失控的近代化改革——关于清末新政的理性思考》，安徽大学出版社1998年版。

熊志勇著：《晚清社会变迁中的军人集团》，天津人民出版社1998年版。

萧功秦著：《危机中的变革——清末现代化进程中的激进与保守》，生活·读书·新知三联书店1999年版。

中国史学会编：《辛亥革命》，上海人民出版社2000年版。

周育民著：《晚清财政与社会变迁》，上海人民出版社2000年版。

郑永福等校点，王锡彤著：《抑斋自述》，河南大学出版社2001年版。

郑曦原编：《帝国的回忆——纽约时报晚清观察记》，生活·读书·新知三联书店2001年版。

董丛林等主编：《清末直隶新政研究》，河北人民出版社2002年版。

周志初著：《晚清财政经济研究》，齐鲁书社2002年版。

李剑农著：《中国近百年政治史》，复旦大学出版社2002年版。

刘伟著：《晚清督抚政治》，湖北教育出版社2003年版。

史晓风整理：《恽毓鼎澄斋日记》，浙江古籍出版社2004年版。

张德泽著：《清代国家机关考略》，学苑出版社2004年版。

〔美〕李约翰著，孙瑞芹、陈泽宪译：《清帝逊位与列强》，江苏教育出版社2006年版。

凌冰著：《最后的摄政王——载沣传》，文化艺术出版社2006年版。

张朋园著：《立宪派与辛亥革命》，吉林出版集团有限责任公司2007年版。

楚双志著：《变革中的危机——袁世凯集团与清末新政》，九州出版社2008年版。

周叶中、江国华主编：《博弈与妥协——晚清预备立宪评论》，武汉大学出版社2010年版。

黎澍著：《辛亥革命与袁世凯》，中国大百科全书出版社2011年版。

彭剑著：《清季宪政编查馆研究》，北京大学出版社2011年版。

张玉法著：《清季的立宪团体》，北京大学出版社2011年版。

刘小萌主编：《清代满汉关系研究》，社会科学文献出版社2011年版。

李细珠著：《地方督抚与清末新政——晚清权力格局再研究》，社会科学文献出版社2012年版。

鞠方安著：《中国近代中央官制改革研究》，商务印书馆2014年版。

王兆雷著：《国家治理的文化根基》，人民日报出版社2016年版。

王开玺著：《晚清政治史》，东方出版社2016年版。